現代財務会計の
エッセンス

郡司 健【著】

中央経済社

はしがき

　現代財務会計は，IFRS（国際財務報告基準）における公正価値測定基準等の導入により市場価値会計ともいうべき公正価値会計を内包しつつ新たな段階に移行しつつある。これに対し，国内基準に基づく現行の財務会計は企業体ないし経営者の立場から混合測定に基づく会計（いわば混合会計）を展開してきた。
　とくにIFRS採用企業はさらに新たな変化への対応をせまられて著しい変化（変革）をとげつつある。しかし，IFRSによらない企業集団と個別企業会計はまだ全面的にIFRS導入の方向に踏み出しているわけではない。財務会計全体としては，国際化の流れの中で，基礎と応用の両面を備えているとみられる。本書は，そのような著しい変化をとげている現代財務会計の基礎（その基本的な内容；現行の混合会計）と応用（IFRS公正価値会計対応）についてその概要を簡潔に説明しようとするものである。
　したがって，本書は新たな会計観を含むIFRSの動向を視野に収めつつ，企業体ないし経営者の立場からの混合会計観に立脚する，現行の財務会計とその基礎にある原理・原則をおもに取りあげる。本書はまた，拙著『最新財務諸表会計』の新たな追補改訂版であり，時代の要請を踏まえて，現代財務会計の平易な説明を試みたつもりである。本書もまた恩師阪本安一博士の学説に大きく依拠しており，先生から賜った学恩に心から深く感謝する次第である。
　本書が，会計学の基礎を学ぼうとする人，検定試験さらに税理士試験や公認会計士試験を志す人々にとって，会計学とくに財務会計の基礎と応用についての理解に役立つならば幸いである。
　本書の出版にあたっては，中央経済社社長山本継氏はじめ，同社の方々とくに会計編集部の長田烈氏にはひとかたならぬご助力をいただいた。このことに心から厚くお礼申し上げたい。

平成29年1月

郡司　健

目　　次

第1章　会計目的の変遷と現代会計

I　企業環境変化と現代会計 ―――――――――――― 1

II　会計と簿記 ―――――――――――――――――― 2
1　会計と簿記／2
2　情報処理の中核的手段としての簿記／2
3　基本的な会計報告書－貸借対照表・損益計算書／3

III　会計目的の変遷 ――――――――――――――― 4
1　財産計算目的／4
2　損益計算目的／6
3　情報提供目的と会計領域の拡大／7

IV　現代会計と制度会計 ――――――――――――― 8
1　財務会計と管理会計／8
2　伝統的会計と現代会計／9
3　財務会計と制度会計／10
4　国際会計基準への対応／11

第2章　現代会計の基本的枠組み

I　伝統的会計の基本的枠組み ―――――――――― 13
1　公正妥当な会計慣行と会計公準／13

    2 主要な会計公準／14
    3 会計主体論と企業体の公準／15

Ⅱ 企業会計の一般原則 ─────────────────────────── 15

    1 企業会計原則の構成／15
    2 企業会計の一般原則／15
    3 伝統的会計と公準・原則アプローチ／18

Ⅲ 現代会計の基本構造 ─────────────────────────── 19

    1 現代会計と国際的な会計基準／19
    2 概念フレームワーク／19
    3 現代会計の進展／22
    4 現代会計観の拡張／23

第3章　損益計算の基本構造

Ⅰ 損益計算の発展と発生主義会計 ───────────────────── 25

    1 利益計算の2方法と期間損益計算／25
    2 発生主義会計への進展／26

Ⅱ 損益計算書の本質と区分 ──────────────────────── 29

    1 損益計算書の本質／29
    2 損益計算書の区分／29

Ⅲ 費用・収益の記録―認識・測定・分類― ─────────────── 30

    1 費用・収益の分類／31
    2 費用・収益の認識／31
    3 費用・収益の測定／32
    4 現代会計における認識・測定・分類とその基準／33

第4章　収益・費用の会計

Ⅰ　収益の会計 ————————————————————————35

　　1　収益の認識と実現主義／35
　　2　特殊販売契約と実現主義の例外的適用／36
　　3　収益認識と発生主義／38

Ⅱ　費用の会計 ————————————————————————40

　　1　発生主義による費用の認識／40
　　2　半発生主義（取替法）による費用の認識／41

Ⅲ　営業収益・営業費用の計算 ————————————————42

　　1　営業活動と収益・費用の計算／42
　　2　売上原価・売上総利益の計算／42
　　3　販売費及び一般管理費／43

Ⅳ　営業外損益・特別損益・当期純利益の計算 ——————————43

　　1　営業外損益の計算／43
　　2　特別損益の計算／44
　　3　当期純利益の計算／44

第5章　貸借対照表の基本構造

Ⅰ　貸借対照表観の発展 ————————————————————47

　　1　財産貸借対照表と静的会計観／47
　　2　決算貸借対照表と動的会計観・収益費用アプローチ／48
　　3　情報提供（現代会計）と未来指向的会計観／49

Ⅱ　貸借対照表の本質と区分——————————————————50

　　1　貸借対照表の本質と区分／50
　　2　資産の分類／51
　　3　負債および純資産の本質と区分／52
　　4　貸借対照表の区分基準・配列法／53

第6章　資産の会計

Ⅰ　資産の本質と分類——————————————————55

　　1　資産の本質／55
　　2　資産の分類／55

Ⅱ　流動資産————————————————————————55

　　1　当座資産等／55
　　2　棚卸資産／57
　　3　その他の流動資産／61

Ⅲ　固定資産————————————————————————61

　　1　有形固定資産とその取得原価／61
　　2　有形固定資産と費用配分—減価償却—／62
　　3　無形固定資産／67
　　4　投資その他の資産／69

Ⅳ　繰延資産————————————————————————70

　　1　繰延資産の性格／70
　　2　繰延資産の償却／70

Ⅴ　現代会計と資産計上項目の拡張————————————71

第7章　負債・純資産の会計

Ⅰ　貸借対照表上の負債・純資産──────73

Ⅱ　負債の会計──────73

　1　負債の分類／73
　2　流動負債／74
　3　固定負債／75
　4　引当金／76
　5　特別法上の準備金／78
　6　偶発債務／78

Ⅲ　株主資本の会計──────79

　1　純資産の部／79
　2　株主資本の分類／79
　3　資本金と資本剰余金／80
　4　利益剰余金／81
　5　資本金・準備金の増加・減少／82
　6　その他資本剰余金と自己株式の処分／83
　7　剰余金の配当／84

Ⅳ　評価・換算差額等および新株予約権──────85

　1　評価・換算差額等／85
　2　新株予約権／86

第8章　財務諸表の基本原則

Ⅰ　財務諸表の基本原則──────87

Ⅱ　損益計算書の基本原則――――――――――――――――――87

　　1　損益計算書完全性（網羅性）の原則と費用収益対応の原則／87
　　2　費用・収益の認識／88
　　3　費用・収益の測定と収支主義（収支的評価）の原則／88
　　4　費用・収益の分類と費用収益対応表示の原則／89
　　5　総額表示と純額表示／90
　　6　費用配分の原則／90

Ⅲ　貸借対照表の基本原則――――――――――――――――――91

　　1　誘導法と貸借対照表完全性（網羅性）の原則／91
　　2　貸借対照表における認識・測定・分類／91
　　3　貸借対照表分類と区分・配列・表示の原則／92
　　4　貸借対照表能力の原則／93
　　5　貸借対照表評価の原則／94
　　6　費用配分の原則／96

第9章　財務諸表の作成

Ⅰ　会社法会計と個別財務諸表―――――――――――――――97

　　1　制度会計と個別財務諸表／97
　　2　会社法会計と開示／97
　　3　会社法会計と計算書類／98

Ⅱ　財務諸表の内容――――――――――――――――――――99

　　1　貸借対照表／99
　　2　損益計算書／101
　　3　株主資本等変動計算書／102
　　4　会計上の変更および誤謬の訂正／104

5　注記表／105

第10章　連結財務諸表概説

I　連結財務諸表の体系と連結の範囲 ―――― 107

1　連結財務諸表の体系／107
2　連結範囲―親会社・子会社の決定と支配力基準／108

II　連結貸借対照表 ―――― 109

1　連結貸借対照表の作成／109
2　非支配株主持分／109
3　簡単な連結貸借対照表作成例／110
4　関連会社と持分法／112
5　表示方法／113

III　連結損益及び包括利益計算書 ―――― 114

1　連結損益及び包括利益計算書／114
2　連結会社相互間の取引高の相殺消去／115
3　未実現損益の消去／115
4　表示方法／115

IV　連結株主資本等変動計算書 ―――― 117

V　純粋持株会社と連結財務諸表・セグメント報告 ―――― 119

1　純粋持株会社／119
2　セグメント情報／119

第11章　キャッシュ・フロー会計

Ⅰ　キャッシュ・フロー会計の基礎──────────────123
　1　キャッシュ・フロー計算書の意義／123
　2　キャッシュ・フロー計算書とキャッシュの概念／124
　3　キャッシュ・フロー計算書の表示区分／125

Ⅱ　キャッシュ・フロー計算書の表示方法──────────126
　1　営業活動によるキャッシュ・フローの表示方法／126
　2　投資活動・財務活動によるキャッシュ・フローの表示方法／126
　3　（連結）キャッシュ・フロー計算書の内容／126
　4　間接法における調整項目／128

Ⅲ　キャッシュ・フロー計算書の作成────────────128
　1　基礎データ／128
　2　直接法の場合の計算／129
　3　間接法の場合の処理／130

Ⅳ　キャッシュ・フロー計算書の直接的作成法──────────132
　1　キャッシュ・フロー計算書の直接的作成／132
　2　三勘定計算表による会計三表の同時作成／132

Ⅴ　キャッシュ・フロー計算書の役立ち────────────135
　1　直接法と間接法／135
　2　キャッシュ・フロー計算書の作成と役立ち／136

第12章　税効果・金融商品・外貨換算会計の概要

I　税効果会計 ———————————————————139

　　1　税効果会計の目的／139
　　2　一時差異等の認識／140
　　3　繰延税金資産，繰延税金負債，法人税等調整額／140
　　4　繰延税金資産・繰延税金負債の表示／142
　　5　連結税効果会計／142

II　金融商品の会計 ———————————————————143

　　1　金融商品／143
　　2　受取手形・売掛金等の金銭債権の区分と貸倒見積高算定法／143
　　3　有価証券／144
　　4　償却原価法（利息法）／145
　　5　デリバティブ取引とヘッジ会計／148

III　外貨換算会計 ———————————————————151

　　1　外貨建取引発生時の処理／151
　　2　決算時の処理／151
　　3　決済に伴う損益の処理／152
　　4　在外支店の財務諸表項目／153
　　5　在外子会社等の財務諸表項目の換算／154

第13章　現代会計と現在価値

I　現代会計と現在価値測定 ———————————————————155

II　減損会計 ———————————————————156

1　固定資産の減損評価／156
　　　2　対象資産と具体的処理／157

Ⅲ　リース会計——————————————————————158

　　　1　リース取引の会計／158
　　　2　リース取引の会計処理—借手側の処理—／161
　　　3　リース取引の貸借対照表計上の意義／163

Ⅳ　退職給付会計————————————————————164

　　　1　個別財務諸表における退職給付会計／164
　　　2　退職給付引当金の処理／165
　　　3　連結財務諸表における処理／168

Ⅴ　資産除去債務の会計—————————————————169

Ⅵ　現在価値と混合測定—————————————————171

第14章　IFRS会計と公正価値測定
―現代会計観の拡張―

Ⅰ　現代会計観の拡張——————————————————173

Ⅱ　伝統的会計と混合会計観———————————————175

Ⅲ　公正価値測定の展開—————————————————176

　　　1　FASBの公正価値測定／176
　　　2　IFRS公正価値測定基準の設定／177
　　　3　IFRS公正価値測定基準の適用／178
　　　4　当初認識時における公正価値／179

5　評価技法／179

Ⅳ　混合会計観と公正価値会計観──────────────182

第15章　財務報告分析の基礎

Ⅰ　基本財務諸表の分析──────────────────185

　　　1　貸借対照表の分析―財務構造分析―／185
　　　2　損益計算書の分析―期間成果の分析―／187
　　　3　総合収益性分析―資本収益性分析―／187
　　　4　利益構造・資本構造の分析／190
　　　5　発展性の分析と企業の総合指標による判定／192

Ⅱ　連結財務諸表の分析──────────────────193

　　　1　連単倍率／194
　　　2　EPS・ROE・PER／194
　　　3　連結キャッシュ・フロー計算書の分析／194
　　　4　セグメント情報の分析／195

引用・参考文献／197

索引／203

第1章

会計目的の変遷と現代会計

I 企業環境変化と現代会計

　現代企業は,経営規模の拡大とともに,集団化・国際化してきた。しかも企業をとりまく経済的・社会的環境が著しく複雑化し多様化するとともに,企業における取引および事象も複雑化・多様化し,会計領域もこれに伴って拡大してきた。そのような会計領域の拡大は,貸借対照表および損益計算書の計上能力・計上内容の変化・拡張をもたらし,財務諸表の体系にも変化をもたらしてきた。

　とりわけ,バブル崩壊後における金融ビッグバンの進展は,わが国の金融・財政制度の変革だけでなく,会計ビッグバンと称されるほどにわが国会計制度にも大きな変革をもたらした。すなわち,企業経営のグローバル化と証券資本市場における資本調達の円滑化をめぐって,連結財務諸表を中心に会計基準の国際的調和,とくに国際会計基準委員会(IASC)の公表する国際会計基準(IAS)や,財務会計基準審議会(FASB)を中心とする米国会計基準(US-GAAP)等の国際的な会計基準への調和化が強く求められてきた。その後,国際会計基準審議会(IASB)の公表する国際財務報告基準(IFRS)への統一化・収斂(コンバージェンス)が強く求められるようになった。このような会計基準の国際化への対応へ向けて,各種会計基準の改訂・新設がなされ,さらには会社法や金融商品取引法等が新たに制定・公布される等,企業会計制度にも大きな変革がもたらされてきた。現在では,とくに海外で活動する上場企業を中心にそのようなIFRSの限定的な適用(エンドースメント)が図られるようになった。

　このような現代の財務会計の動向は企業の利害関係者の意思決定に役立つ情

報の作成・提供をとくに重要視するものである。企業の財務会計は，財産計算目的から損益計算目的へ，そこからさらに情報提供目的へと変遷してきたとみることができる。

II　会計と簿記

1　会計と簿記

　会計（accounting）とくに企業会計は，主として企業に生起した経済的事実を会計特有の記号・数字等を用いて記録計算し，これを会計報告書に表示し，情報利用者たる各種利害関係者へ伝達する。簿記（bookkeeping）は，帳簿記録によって必要な情報（取引資料）を受理し，処理する中核的な手段となる。

　簿記と会計とは，ともに企業に生起した経済的事実の記録計算にかかわり合うが，簿記はおもに一定の勘定体系と帳簿組織とによる帳簿記録の技術的・手続的側面にかかわると考えられる。これに対し，会計は，会計報告書によって企業・事業体に生起した経済的事実を真実かつ適正に描写し，これをおもに企業の経営者や企業外部の利害関係者に伝達することを主たる目的とする。

2　情報処理の中核的手段としての簿記

　簿記は，帳簿記録を略称したものであるといわれる。この場合の帳簿は，一定の記帳法則に従って，一定の目的のもとに有機的な関連性をもって体系的に記録される帳簿である。そこでは，特定の出来事の増減変化（取引）を借方（左側）と貸方（右側）とにそれぞれ2面的に記録する勘定式計算が用いられる。

　簿記は，単式簿記（single-entry bookkeeping）と複式簿記（double-entry bookkeeping）とに区別される。単式簿記は，古代文明の発祥とともに，おもに王家の財産・財政管理のための記録手段として発達してきた。単式簿記は，現在でも官庁会計・公会計においておもに使用されている。

　他方，複式簿記は中世イタリア諸都市の商人によって使用された記帳法であり，現在残っている最も古い書物としては，ルカ・パチオリ（Luca Pacioli）の数学書『ズムマ』（『算術・幾何・比および比例全書（Summa de Arithmetica

Geometria Proportioni et Proportionalita)』，1494年）の中に見いだされる。この複式簿記は，ヨーロッパ各地へ伝播し，当初はおもに事業の損益計算と財産管理のための手段として事業主への報告のために内部において使用された。この複式簿記が，今日では外部報告においても重要な記録手段つまり情報処理手段として使用されるようになった。

3　基本的な会計報告書－貸借対照表・損益計算書

(1) 複式簿記と財務諸表

有機的な関連性をもって体系的に作成される会計報告書は，財務諸表と呼ばれる。その中でも最も基本的な財務諸表は，貸借対照表（B/S, Balance Sheet）と損益計算書（P/L, Profit & Loss Statement）である。この2つの財務表は，複式簿記を中心とする会計システムから有機的な関連性でもって誘導作成される。

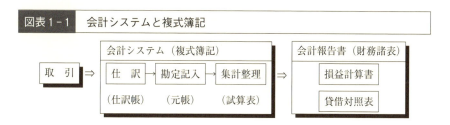

図表1-1　会計システムと複式簿記

(2) 貸借対照表と損益計算書

この場合の貸借対照表は，日常の取引記録から誘導され，その取引価額を基礎とし，決算手続を経て作成されるところから決算貸借対照表とも呼ばれる。この決算貸借対照表は，期末の決算時点における企業資金の調達源泉とその運用形態からなる財政状態を表示する。

貸借対照表上の借方側資産には，企業資金の運用形態が，各種の経済価値物（経済資源）の期末における状況（項目別有高）として示される。他方，貸借対照表の貸方側には，第三者（債権者）および所有主（株主）からの企業資金の調達源泉の有高がそれぞれ負債（第三者からの調達）および純資産（所有主からの調達）として各種の項目別に示される。

他方，損益計算書は，一定期間における経営的努力たる費用（＝経済価値減

| 図表1-2 | 貸借対照表と損益計算書 |

貸借対照表	
資　産 ［資金の具体的運用］ （経済価値の個別有高）	負　債 ［第三者からの調達］
^	純資産（資本） ［所有主からの調達］

〈企業資金の運用形態〉【企業の財政状態】〈企業資金の調達源泉〉

損益計算書	
費　用 （経済価値減少）	収　益 （経済価値増加）
利益（純結果）	

〈経営的努力〉　　　【企業の経営成績】　　　〈経済的効果〉

少）とその経済的効果たる収益（＝経済価値増加）との比較対照を通じて，企業の経営成績を算定表示する。より具体的には，営業活動とこれを支える営業外活動等に区分して努力（費用）と効果（収益）を対応表示することにより，企業の利益をその発生の源泉にさかのぼって算定表示する。

Ⅲ　会計目的の変遷

　企業会計は，企業の中核的・統合的な情報手段である。それは，企業をとりまく環境の変化に伴って，財産計算目的から損益計算目的へ，そこからさらに情報提供目的へとその目的を変化させてきた。情報提供を主目的とする現代会計にあっては，社会的経済的環境の変化に対応して，企業の経済的事実をいかに真実かつ適正に写像し，これをいかに会計情報・会計報告として利害関係者に伝達するかが重要な課題となる。

1　財産計算目的

　財産計算目的のもとでは，所有主に帰属する純財産有高を算定することが会

社の計算として重視された。そこでは，実地棚卸法（財産目録法）により，売却価値（換金価値）に基づいて財産有高の評価がなされ，財産目録が作成された。財産目録は，企業のすべての積極（プラス）および消極（マイナス）の財産を実地に調査確認し，その金額および数量を詳細に一覧表示したものである。

この財産目録に基づいて，積極財産および消極財産が要約表示され，これとその両者の差額としての純財産とからなる財産貸借対照表が作成される。したがって，ここでは財産目録と財産貸借対照表とが基本財務諸表として取り扱われた。

財産貸借対照表においては，財産法のもとに財産の実地棚卸調査による純財産増加分としての利益が算定表示される。すなわち，財産法のもとにおいては，次のように，利益は期末純財産と期首純財産との差額として算定される。

利益＝期末純財産－期首純財産

このように，財産法によって算定される利益は純財産の増加分であるところから，純財産増加説に基づくといわれる。

このような財産計算目的は，かつてフランスの商事法，ドイツの商法典やわが国の商法において採用されていた。そこでは，債権者保護思想のもとに企業の債務返済（補償）能力をもつ財産の表示が重視されていた。

財産法による利益計算においては，2時点間の純財産の比較によって利益が算定される（時点比較法）。それゆえ，そこでは利益をその発生源泉にまでさかのぼって把握することはなく，結果的な純財産増加高としての利益を算定する

図表1-3　実地棚卸法（財産目録法）と財産貸借対照表

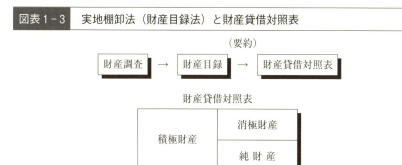

にとどまる。今日においても，財産貸借対照表は企業の創業時や解散時，清算時などにおいて作成されるし，実地棚卸は決算時に帳簿棚卸とともにこれを確認修正するための手段として必要に応じて実施される。

　財産法の概念はさらに拡張されて，取得原価主義に基づく（決算）貸借対照表において，期末自己資本（期末純資産）が期首自己資本（期首純資産）を超える部分を利益として算定する方法としてとらえられることがある。このような見解は，伝統的な意味での財産法に対し広義の財産法ないし拡張された財産法として位置づけられる。

2　損益計算目的

　企業規模の拡大と経営活動の長期継続化とともに，一定の期間を区切って，正確かつ比較可能な期間損益計算を行うことが重視されるようになる。企業規模の拡大は，たとえば株式会社制度の発達にみられるように，企業経営に直接携わらない株主や一般投資家の増加をもたらす。企業活動の継続性の前提のもとに期間損益計算の結果算定される企業利益は，経営者はもとより，経営に直接携わらない株主や一般投資家にとってとくに企業の収益力に関する重要な判断資料となる。そこには，株主・一般投資家保護の思想と収益力重視の傾向が見いだされる。

　損益計算目的においては，損益法のもとに，日常の取引記録に基づいて，収益と費用との差額としての利益を算定することが重視される。すなわち，そこでは費用収益差額説に基づく利益が算定表示される。しかも，その損益計算にあたっては，企業の経営的努力たる費用と，その経済的効果たる収益とがその因果関係をたどって比較対応することができる。それとともに，利益をその発生源泉にさかのぼって把握することが可能となり，企業の収益力に関する判断がより容易になる。

　また，損益計算目的では，誘導法により，損益計算書と貸借対照表とが日常の取引記録から有機的関連性をもって同時並行的に誘導作成される。そこでは損益計算書と貸借対照表とが基本財務諸表としてとらえられる。損益計算書は，経営的努力とその経済的効果との比較対照により経営成績を算定表示する。貸借対照表は，日常の取引記録から誘導され，その取引価額たる取得原価を評価

(測定）基礎とするものであり，取得原価主義がおもに採用された。それはまた決算を経て作成されるところから決算貸借対照表と称される。その場合の決算貸借対照表は，もはや財産貸借対照表のように財産状態の表示を目的とするのではなく，継続企業の前提のもとに企業資金の調達源泉とその運用形態を意味する企業の財政状態の表示を目的とする。

このように損益計算目的のもとでは，経営的努力とその経済的効果との比較対照により経営成績を算定表示する損益計算書が重視される。貸借対照表はむしろ収益・費用の繰延見越項目を収容する補助機能を果たすものとして位置づけられた。

3　情報提供目的と会計領域の拡大

(1)　情報提供目的への移行

工業化社会から情報化社会・高度情報社会への移行とともに企業をとりまく社会的経済的環境は著しく多様化・複雑化してきた。しかも，企業の社会的性格の高まりとともに，企業をとりまく各種利害関係者の範囲は拡大し，所有主（株主），一般投資家，債権者だけでなく従業員，消費者，地域住民，国家，徴税当局といった関係者へも，企業の環境変化を考慮し企業の実態を明らかにする会計情報の提供が求められるようになった。

さらに金融ビッグバンとグローバリゼーションの進行のもと，証券資本市場における資本調達をめぐって，連結会計報告を中心に会計基準の国際的調和，わけても国際会計基準（IAS）や米国会計基準（US-GAAP）等の国際的な会計基準への準拠が強く求められるようになった。このような国際的会計基準への対応・準拠をめざして，わが国会計基準も改訂・新設がなされ，会計関連諸規定等も大幅に改正されてきた。それとともに，企業の個別財務諸表および連結財務諸表に記載される内容も，従来の伝統的会計における取引概念では捕捉されなかった経済的事実まで含まれるようになった。そして，現在では，国際的活動する企業を中心に国際会計基準（IFRS・IAS）の全面的あるいは限定的な適用が求められるようになった。

このような現代会計基準においては，とくに企業のステークホルダー（利害関係者）の意思決定に役立つ会計情報・財務報告の提供が最も重要な課題と

なった。

(2) 情報提供目的と情報の拡大

現代会計では,各種の利害関係者の意思決定に役立つ会計情報の提供が求められるようになった。わけても IFRS(国際財務報告基準)と総称される国際会計基準は,投資家や融資者(貸付者)等の債権者の意思決定に役立つ情報の提供を目的とする。それとともに,わが国でもこのような国際会計基準へ対応して各種利害関係者の意思決定に役立つ会計情報として,個別企業の貸借対照表・損益計算書だけでなく,連結財務諸表(連結貸借対照表,連結損益・包括利益計算書,連結株主資本等変動計算書,連結キャッシュ・フロー計算書)への拡張が図られてきた。

現代会計は意思決定に役立つ情報の提供をめぐって,目的適合的で事実を忠実に表現するため,取得原価から時価・割引現在価値を含む混合的測定(hybrid measurement)が展開されるようになった。かくて,現代会計では,取得原価主義会計がおもに採用された伝統的会計と比べ,多くの新たな項目への拡張がもたらされ,会計情報は大幅に拡大されるようになった。

Ⅳ 現代会計と制度会計

1 財務会計と管理会計

(1) 商業簿記と工業簿記

簡単な取引のみの場合には,とくに簿記による処理(仕訳・勘定記入)をしなくても財務諸表は作成可能である。しかし,膨大かつ複雑な取引がなされる場合,簿記を中核とする会計システムによってより網羅的・合理的にしかも正確な財務諸表が作成されうる。

複式簿記でも,商品売買を中心とする企業(商業)の取引を中心とするものは,商業簿記と称される。製品を製造する企業(製造業,工業)の場合には,製品の製造から完成に至る製造過程に関する簿記処理を必要とする。そのような製造業における製造過程に関する簿記は,工業簿記と称される。そして,製

品の製造費用と製品原価に関する計算は原価計算という。

(2) 財務会計・管理会計・会計監査

　工業簿記・原価計算は，このように製造業の財務諸表の作成に不可欠の情報処理手段となるだけでなく，企業の経営管理とくに原価管理のための重要な手段となる。他方，財務諸表は，外部の各種利害関係者に対して報告されるだけでなく，企業経営者にとっても全社的な企業の運営にあたって重要な情報となる。

　企業会計は，財務会計と管理会計とに大きく区分されうる。企業をとりまく各種利害関係者に対する会計は財務会計と呼ばれる。財務会計は，主として企業に生起した経済的事実を会計特有の記号，数字等を用いて記録計算し，これを会計報告書（財務諸表等）に表示し，企業をとりまく各種利害関係者へ伝達するものであり，狭義の企業会計として位置づけられる。

　管理会計は，企業内部の各種経営管理階層の意思決定・計画設定と業績管理・統制とに役立つ会計情報の提供を主たる目的とする。そこでは，過去の実績数値だけでなく，各種の予測，計画（予算）数値も資料として用いられる。

　会計監査（財務諸表監査）は，会計記録・会計報告書（とくに財務諸表）を批判的に吟味検討し，その適正性に関する意見を表明することによって，財務諸表に対する信頼性を確保することを目的とする。

2　伝統的会計と現代会計

　財務会計における外部報告のための会計報告書の最も基本となるのは，損益計算書と貸借対照表という，いわゆる基本財務諸表である。20世紀のわが国やドイツ等の伝統的な企業会計では，この基本財務諸表を中心に展開されてきた。しかも，その場合に，伝統的会計は取得原価主義会計ともいわれたように，おもに過去の取引価額（取得原価）を中心に展開され，現在の価値を示す時価は必ずしも積極的に用いられなかった。そこでは，損益計算書による経営成績の算定がとくに重視され，過去の取引価額によって表示される貸借対照表は，現在の価値を示さないがゆえに，損益計算書に対する補助的な位置におかれる傾向にあった。

現代会計では企業をとりまく各種利害関係者の意思決定に役立つ情報提供目的が重視される。その背景には，経済活動のグローバル化とくに金融経済の発展ならびにインターネット等による情報経済の発展がある。それとともに経済活動の高度化・複雑化を反映して，貸借対照表および損益計算書に記載される内容もまた，従来の取引記録のみでは捕捉されなかった経済的事象まで含まれるようになった。とくに貸借対照表が意思決定に役立つ情報となるためには，たんに過去の取引に基づくだけでなく，将来のある程度確実に予測される変化をも配慮することが求められる。それとともに，貸借対照表に表示される資産・負債および純資産も，過去の取引価値（取得原価）だけでなく，将来の経済的便益とその犠牲（経済的負担）ならびにその残余を示す経済価値をより適切に評価するために時価も多く使用されるようになった。しかも，現代（財務）会計では，情報提供を重視し，とくに大企業（グループ企業）では個別企業の財務諸表から企業集団の連結財務諸表等にまで拡張されてきている。

3　財務会計と制度会計

(1) 制度会計

財務会計においては，企業をとりまく各種利害関係者間の利害の調整や企業の受託責任の報告をめぐって法令や慣習の影響を無視することはできない。ここに法令や慣習に基づく会計は制度会計と称される。わが国の制度会計は，狭い意味においては，次の3つの制度会計に区別される。

① 金融商品取引法と連結財務諸表規則・財務諸表等規則に基づく金融商品取引法会計（以下，金商法会計と略称）
② 会社法と会社計算規則等に基づく会社法会計
③ 税法等（法人税法，同施行令，同施行規則，租税特別措置法）に基づく税法（税務）会計

これらの法令に基づく狭義の制度会計に加えて，さらに会計慣習とくに公正妥当な会計慣行に基づいて形成された企業会計原則やその後の各種企業会計基準に基づく会計が広義の制度会計として位置づけられる。

金融商品取引法は，投資家を保護し，証券資本市場における有価証券の発行および金融商品等の取引を公正化し，かつ，証券流通の円滑化等を図る目的の

ために制定された。したがって，金商法会計では，おもに証券取引所上場企業のように証券資本市場において株式を発行・流通している企業が作成・公表する有価証券報告書とそこに含まれる（連結）財務諸表に関する規則が中心となる。ここでは，証券資本市場における投資家の意思決定に役立つ（連結）会計情報の提供に主眼がおかれる。

　会社法は，すべての会社とくに株式会社について，その設立，組織運営および管理について法的な規制を行う。会社法会計では，おもに株主総会提出のための計算書類（財務諸表）の作成に関する規定・規則が中心となる。

　税法は，課税の公平性の観点から，適正な課税所得の計算を行おうとするものである。税法会計は，おもに企業が税務署に提出する法人税申告書の作成に関する規定・規則が中心となる。

　会社法会計はすべての株式会社に適用されるのに対し，金商法会計は，証券取引所上場企業のような資本市場において有価証券を発行（募集）・流通させる株式会社に対しておもに適用される。

(2)　公正妥当な企業会計の慣行としての制度会計

　慣習に基づく広義の制度会計としては，企業会計原則・企業会計基準等があげられる。企業会計原則は，企業会計の実務の中に慣習として発達したものの中から一般に公正妥当と認められたところを要約したものであり，必ずしも法令によって強制されないでも，すべての企業がその会計を処理するにあたって従わなければならない基準である（「企業会計原則の設定について」）。企業会計基準等は，その後に企業会計基準委員会等によって国際的な会計基準への対応を考慮して設定された各種会計基準である。このことから，企業がその会計処理にあたって，とくに有効な会計基準が存在しないときは，これらの一般に公正妥当と認められる企業会計の基準や企業会計の慣行を斟酌することが求められる。

4　国際会計基準への対応

　企業会計基準委員会による国際財務報告基準（IFRS）を中心とする国際会計基準への対応は，コンバージェンス（統一化・収斂）と称される。このような

| 図表1-4 | （広義）制度会計とIFRS |

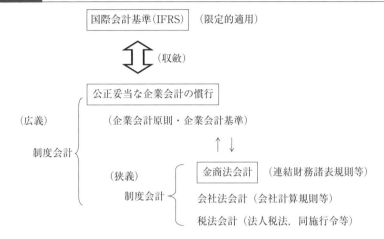

　国際会計基準の対応からさらに国際的な財務活動または事業活動を行う「特定会社」を中心に，金融庁長官の定める「指定国際会計基準」に従って，連結財務諸表を作成することが認められるようになった（連結財規第1条，第93条等）。したがって，任意適用ではあるが，金商法会計にIFRSの導入が図られた。これにより，わが国でもEUと同様のIFRS導入の方向（エンドースメント・限定付きアドプション）が示された。
　それとともに，上場企業を中心とする有価証券報告書提出会社（金商法会計適用会社）のうち連結財務諸表を作成する企業については指定国際会計基準に基づくIFRS連結財務諸表か，わが国連結財務諸表規則に基づく連結財務諸表の作成かの選択が認められるようになった。さらには，今後，国際会計基準と企業会計基準委員会による修正会計基準によって構成される会計基準として，「修正国際基準」に準拠した連結財務諸表の作成が認められるようになっている。

第2章

現代会計の基本的枠組み

I　伝統的会計の基本的枠組み

1　公正妥当な会計慣行と会計公準

　物事を的確に判断し適切に処理するには，原理・原則に基づくことが肝要である。会計もまた例外ではない。(伝統的)会計では，これまでそのような原理・原則について，会計公準・会計原則・基準・手続・方法等という一連の体系のもとに展開されてきた。このようなアプローチは，「公準—原則」アプローチと称されることがある。

　わが国の企業会計原則は，企業会計の実務の中に慣習として発達したものの中から一般に公正妥当と認められたところを要約したものであり，必ずしも法令によって強制されないでも，すべての企業がその会計を処理するにあたって従わなければならない基準として設定された。それはまた，商法・税法等の関係諸法令が制定・改廃される場合に尊重されなければならないものとして位置づけられた。

　この企業会計原則の基底には，一定の基本的前提ないし基本的仮定（basic assumptions）が存在する。このような基本的前提ないし基本的仮定は，通常，会計公準（accounting postulates）と称される。

　会計公準は，会計理論・会計原則の展開にあたり，広く普遍性と妥当性をもつ基本的前提ないし基本的仮定である。それはまた，幾何学における公理に準ずるものとしてとらえられる。したがって，会計公準は，会計実務や会計目的に照らして経験的あるいは論理的に企業会計における基本的前提ないし基本的

仮定として提示され，会計理論・会計原則の展開の基礎となる。

2　主要な会計公準

主要な会計公準としては，次のようなものがあげられる。

(1) 企業実体の公準

企業実体（business entity）の公準は，通常，企業会計の対象となる場所的範囲を，所有主（資本主）と切り離された別個の存在としての企業実体に求めるものである。このような企業実体の公準に基づくことにより，所有主個人の計算つまり家計と企業それ自体の計算すなわち企業会計とが区別される。

(2) 継続企業の公準

継続企業（going concern）の公準は，企業活動の継続性を前提とすることにより，会計期間を区切って計算を行うことを要請する基本的前提である。会計期間の公準は，継続企業の公準からの派生的ないし付随的な公準として位置づけられる。

(3) 貨幣的測定の公準

貨幣的測定の公準は，企業の経済的事実の測定にあたって，最終的に最も共通的・一般的・同質的な尺度として貨幣単位を用いるという基本の前提である。貨幣的測定により異なる物理的単位のものが加算可能となり，加法性がもたらされる。この公準は，貨幣単位の公準あるいは貨幣的評価の公準とも呼ばれる。

(4) 勘定分類（貸借分類）の公準

会計上の取引記録にあたっては，一般に貨幣的測定がなされるとともに，勘定科目別の分類がなされる。それは，複式簿記あるいは組織的簿記のメカニズムを通じて，企業に生起した経済的事実を2面的に把握することにより，これを情報として受理・処理し，各種利害関係者に対し伝達することを意味する。勘定分類の公準は，貨幣的測定の公準とともに，企業会計の必須の手段に関する基本的前提として理解される。

3　会計主体論と企業体の公準

　会計的判断の主体に関する理論は会計主体論と呼ばれる。会計主体論に関しては，会計的判断にあたり所有主の立場に立つ所有主理論（資本主理論）と，企業それ自体の立場に立つ企業体理論とが区別される。企業体理論はさらに企業をもって所有主の代理人または所有主の集合体とみる所有主代理人説ないし所有主集合体説と，企業をとりまく各種利害関係者によって構成される社会的制度としての企業体の立場に立つ制度的企業体説とが区別される（阪本1988，128頁）。制度的企業体説は，最近における企業の社会責任（CSR）会計や持続可能性会計（Sustainability Accounting），さらには最近における財務報告と非財務報告との統合的財務報告を支える理論的基礎となっている（郡司2014）。

II　企業会計の一般原則

1　企業会計原則の構成

　わが国企業会計原則は，一般原則と個別原則たる損益計算書原則および貸借対照表原則とからなる。一般原則は，損益計算書原則と貸借対照表原則との両原則にかかわり，かつこれらの個別原則を支える一般的指針ないし基本的要請となる。そして，これらの原則を補足説明するものとして，企業会計原則注解が設けられている。

2　企業会計の一般原則

(1)　真実性の原則

　「企業会計は，企業の財政状態及び経営成績に関して，真実な報告を提供するものでなければならない。」

　企業の財政状態および経営成績は，貸借対照表および損益計算書において表示される。このような財務諸表によって，企業に生起した経済的事実の真実かつ適正な写像の伝達を要求するのが真実性の原則である。

　ここにおける真実性は，多くの主観的な判断や見積り，複数の会計処理方法

が認められたもとでの相対的な真実性である。相対的真実性は，会計記録が検証可能な客観的資料に基づいてなされることと，一般に認められた会計処理の諸原則・諸手続に従うこととによって支えられる。すなわち，①検証可能性ないし資料準拠性と，②一般的承認性ないし合原則性とが，真実性を支える2つの要件であると考えられる（阪本1984a，20頁）。

(2) 正規の簿記の原則

「企業会計は，すべての取引につき，正規の簿記の原則に従つて，正確な会計帳簿を作成しなければならない。」

正規の簿記の原則は次のような要件からなる。①取引記録の網羅性，②取引記録の秩序性ないし合法則性，③取引記録の財務諸表誘導可能性，④会計帳簿の正確性（長期保存性）がこれである（阪本1984a，22頁）。

この原則に関する注解（注1）として，重要性の原則があげられる。それは，重要性の乏しいものについては，本来の厳密な会計処理によらないで他の簡便な方法によることも正規の簿記の原則に従った処理として認めることを指示する。

(3) 剰余金区分の原則と資本・利益の区分

「資本取引と損益取引とを明瞭に区別し，特に資本剰余金と利益剰余金とを混同してはならない。」

企業の財政状態および経営成績を適正に表示するためには，資本と利益とを明確に区別することが求められる。資本取引は，直接的に企業資本の移転（増減）を伴う取引である。この資本取引から生じた剰余金は，資本剰余金と称される。損益取引は，企業利益の発生消滅に関する取引である。損益取引から生じた利益の留保額としての剰余金は利益剰余金と称される。

剰余金区分の原則は，このような資本取引と損益取引とを明瞭に区別し，特に資本剰余金と利益剰余金とを混同してはならないことを要請する一般原則である。

(4) 明瞭性の原則

「企業会計は，財務諸表によつて，利害関係者に対し必要な会計事実を明瞭に表示し，企業の状況に関する判断を誤らせないようにしなければならない。」

明瞭性の原則は，財務諸表（付記・付表を含む）について，会計事実を明瞭に表示し企業の状況に関する判断を誤らせないようにするために，表示にあたっては概観性を与えるとともに，重要な情報については明細性ないし詳細性をも備えるべきことを指示する。明瞭性の原則に従って，財務諸表の区分・配列・表示に関する各種基準が展開される。たとえば，貸借対照表に関する流動・固定の区分および流動性配列法，損益計算書に関する区分損益計算（営業・経常・純損益計算の区分）や報告式，さらに総額表示，注記・附属明細表の作成等があげられる。

(5) 継続性の原則

「企業会計は，その処理の原則及び手続を毎期継続して適用し，みだりにこれを変更してはならない。」

継続性の原則に基づいて，いったん採用された評価基準ないし測定基準（原価基準，低価基準），棚卸方法，減価償却方法等は，毎期継続して適用し，正当な理由がない限りみだりにこれを変更してはならない。正当な理由によって会計処理の原則または手続に重要な変更を加えたときは，これを当該財務諸表に注記することが求められる。

(6) 保守主義の原則

「企業の財政に不利な影響を及ぼす可能性がある場合には，これに備えて適当に健全な会計処理をしなければならない。」

保守主義の原則は，会計処理の健全性と計算的確実性ならびに判断の慎重性を求めることにより，企業の財政的健全性を維持し，会計報告の信頼性を確保しようとするものであり，安全性の原則，慎重性の原則とも呼ばれる。

保守主義に基づく会計処理としては，一方において，予想される将来費用および損失はなるべく早めに見積り計上し，他方で，不確実な収益・利益は，確

実になるまでできる限り慎重に処理することが求められる。このことから，たとえば営業収益に関しては，商品・製品等の販売によって，その経済価値の増加が実現してはじめて認識計上すること（実現主義）が原則として指示される。この実現主義の原則は，保守主義の原則に基礎をおくものである。また，営業収益を現金入金時点まで計上しないでおく現金主義は，過度の保守主義であり原則として認められない。

(7) 単一性の原則

「株主総会提出のため，信用目的のため，租税目的のため等種々の目的のために異なる形式の財務諸表を作成する必要がある場合，それらの内容は信頼し得る会計記録に基づいて作成されたものであって，政策の考慮のために事実の真実な表示をゆがめてはならない。」

単一性の原則は，異なる目的のためには異なる形式の財務諸表の作成を認めている（形式的多様性，形式多元）。しかし，その場合にも，その内容は信頼しうる会計記録に基づいて作成されたものであり，故意に操作してはならないことを求めている（内容的単一性，実質一元）。それとともに，会計記録に関しては単一のものでなければならず，二重帳簿があってはならないことを要求するものである（二重帳簿の禁止）。

3　伝統的会計と公準・原則アプローチ

伝統的会計では，実現主義と取得原価主義のもとに，損益計算書による経営成績の算定が重視され，取得原価に基礎をおく貸借対照表は，現在の価値を何ら表示せず，むしろ補助的な位置にとどまった。このような伝統的会計においては，各種の公準のもとに企業会計原則に基づいて会計判断・会計処理がなされた。伝統的会計では，損益計算目的のもとに損益計算書および貸借対照表に関する公正妥当な公準・一般原則・個別原則が体系的に展開された。このような伝統的会計における接近法は，前述のように公準－原則アプローチと称される（郡司1994, 19頁）。

Ⅲ　現代会計の基本構造

1　現代会計と国際的な会計基準

　わが国の最近における各種会計基準は，国際的な会計基準の影響を強く受けている。そして，国際的な会計基準の基底には，概念フレームワーク（概念枠組み）が存在する。いいかえれば，国際的な会計基準は，その基礎にある概念フレームワークに基づいて設定・改廃が行われる。このような概念フレームワークにおいては，会計における各種利害関係者に対する情報の提供が重要視される。したがって，現代会計では情報提供目的のもとに概念フレームワークが展開され，これに基づいて各種会計基準が設定される。このような接近法は，目的―基準アプローチと称されることがある（郡司1994，19-20頁）。

　国際的な会計基準としては，米国財務会計基準審議会（FASB, Financial Accounting Standards Board）によるものと国際会計基準審議会（IASB, International Accounting Standards Board）によるものとが代表的である。ここでは各国の会計基準設定に大きな影響を有する，IASBによる会計基準－それはIFRS（International Financial Reporting Standard：国際財務報告基準）と総称される－概念フレームワークを中心に概観しておこう（IASB2010）。

2　概念フレームワーク

　IASBの概念フレームワークとしては，現在のところ次のような内容が中心となる。
(1)　一般目的財務報告の目的
(2)　財務情報の質的特性
(3)　財務諸表の作成および表示に関するフレームワーク
以下，これらの内容について概観しよう。

(1)　一般目的財務報告の目的
　一般目的財務報告の目的は，現在および将来の投資家・債権者等が企業（報

告実体)への資金(資源)提供についての意思決定に役立つ財務情報を提供することである。

そこでは,情報の利用者として,利害関係者の中でもとくに投資家・債権者が重視される。彼らの受益(リターン)に関する期待は,企業の将来の正味キャッシュ・フローの金額・時期および不確実性の評価に基づく。それゆえ,彼らは企業の将来の正味キャッシュ・フローの予測の助けとなる情報を必要とする。

そのような情報は,より具体的には,企業の経済的資源および請求権に関する情報,それらの変動に関する情報ならびに財務業績に関する情報に集約される。このもとにいわば企業の将来の正味キャッシュ・フローの金額・時期および不確実性の評価に役立つ情報として,一般目的財務報告(財務諸表)が体系的に展開されることとなる。

(2) 財務情報の質的特性

財務情報が有用であるための質的特性に関しては,基本的な質的特性と補強的な質的特性および制約条件等に分けて説明される。

① 基本的な質的特性と固有の条件

財務情報が意思決定に役立つ,つまり有用であるための基本的な質的特性としては,(a)目的適合性と(b)表現の忠実性とがあげられる。
 (a) 目的適合的な財務情報とは利用者の意思決定に差をもたらす,すなわち優位に導くことができることであり,そのためには,その情報が予測価値を有するか,あるいは過去の予測を確認・修正できるという確認価値を有する,あるいはその両者を備えていることを要する。
 (b) 財務情報が対象を忠実に表現しているということは,その描写(写像)が完全で,中立的で,誤謬がないことを要する。

そして,項目的・金額的な重要性が各企業に固有の個別的な条件としてあげられる。

② 補助的な質的特性

　財務情報の有用性を強化・補強する質的特性としては，比較可能性・検証可能性・適時性・理解可能性があげられる。

③ 制約条件

　財務情報の提供に要するコストはベネフィット（効果，便益）によって正当化されることが重要である。

(3) 財務諸表の作成・表示に関するフレームワーク

① 財務諸表作成の基本的前提

　継続企業が基本的な前提となる。

② 財務諸表の構成要素

　財務諸表の構成要素に関しては，次の項目に関して定義されている。
(a) 資産…過去の事象の結果として企業により支配され，そこから将来の経済的便益（future economic benefit）が流入すると期待される資源
(b) 負債…過去の事象から生じ，その履行により経済的便益を有する資源が企業から流出すると予想される現在の債務
(c) 持分…企業のすべての負債を控除した後の企業の資産に対する残余請求権
(d) 収益…会計期間中における資産の流入・増加あるいは負債の減少の形での経済的便益の増加であり，それは結果的に持分参加者からの拠出に関連するもの以外の持分の増加をもたらすもの
(e) 費用…会計期間中における資産の流出・減少あるいは負債の増加の形での経済的便益の減少であり，それは結果的に持分参加者への分配に関連するもの以外の持分の減少をもたらすもの

　IASBでは，資産・負債・収益・費用がともに，経済的便益概念を用いて定義されている。また，収益・費用に関しては，利得・損失（特別利益・損失）を含み，わが国や米国基準の収益・費用概念よりも広くとらえられている。

③ 財務諸表の構成要素の認識・測定

財務諸表の構成要素の認識と測定に関しては次のように説明される。
(a) 認識…対象が構成要素の定義を充たし，将来の経済的便益の流入・流出（増減）の可能性（蓋然性）が高く，信頼性をもって測定可能であるという認識の規準を充たす場合に財務諸表に計上する。
(b) 測定…財務諸表に認識計上されるべき構成要素の金額を決定する。これには取得原価だけでなく各種時価（現在価値も含まれる）も用いられる。

3 現代会計の進展

現代会計では，伝統的会計のように個別企業の損益計算書および貸借対照表だけでなく，企業集団の連結貸借対照表および連結損益計算書・連結包括利益計算書さらには連結キャッシュ・フロー計算書や連結株主資本等変動計算書，セグメント報告といった各種会計報告（財務報告）の充実が図られている。伝統的会計が損益計算目的を重視したのに対し，現代会計は情報提供目的を重視するものということができる。

しかも，そこでは，国際会計基準や米国基準にみられるように，概念フレームワークに基づいて各種会計基準が検討され，設定され，あるいは改廃される。このような会計への接近法は，目的あるいは概念枠−基準アプローチと称することができるであろう。そのもとで各種利害関係者の意思決定に役立つ各種会計情報の提供がめざされることとなる。

現代会計では，発生主義会計の前提のもとに，取得原価だけでなく時価も積極的に導入して企業に生起した出来事（事象）をより積極的に資産・負債等として認識計上することにより，貸借対照表の情報能力の強化が図られる。いわば，伝統的会計が，収益費用アプローチないし収益費用中心観（revenue and expense view）に基づくのに対し，現代会計は資産負債アプローチないし資産負債中心観（asset and liability view）に基礎をおくといわれるゆえんである。

現代会計では，会計基準のグローバル化の影響のもとに，国際的な会計基準と概念フレームワーク（概念枠組み）の影響を強く受けるようになった。わが国でも，そのような国際的な会計基準に従って，企業会計基準委員会を中心に各種の会計基準が設定されてきた。わが国企業会計原則は，昭和57年（1982

年）以降改訂されていない。したがって，最近の新会計基準と企業会計原則とは，必ずしも整合しない箇所がみられる。その場合には，当然のことながら，新しい会計基準への準拠が求められる。

　しかし，新しい会計基準・会計規定に織り込まれていない箇所に関しては，企業会計原則が，依然として一般に公正妥当と認められる企業会計の原則・基準ならびに企業会計の慣行として有効である。わが国の新しい会計基準は，従来，国際会計基準や米国基準に基づいて制定・改廃がなされてきた。近年では，国際的企業活動を展開する上場会社等（特定会社）を中心に国際会計基準によるIFRS連結財務諸表を作成することが認められている。このようなIFRS導入に対していかに対応するかが大きな課題となった。

4　現代会計観の拡張

　現代会計観に関しては，伝統的会計における収益費用アプローチから資産負債アプローチへの移行が完全になされたわけではない。会計測定に関しては伝統的会計における取得原価主義から，取得原価・時価さらには割引現在価値の導入による混合測定へ移行した。この混合測定が，資産負債アプローチの導入を促したが，収益費用アプローチによる会計も依然存続している。混合測定は，いわば収益費用アプローチと資産負債アプローチとの混合・混成をもたらしている。それはいわば，混合会計ともいうべき会計観をもたらしているといって過言ではないであろう。

　このような中にあって，国際会計基準は，米国基準との調整の結果，公正価値測定（fair value measurement）に関する会計基準を導入した。これにより，国際会計基準にも金融商品会計や企業結合会計を中心に公正価値測定が体系的に導入されることとなった。このような公正価値測定は，会計測定にあたり市場参加者の視点から市場の立場に立って客観的に会計事実を測定・評価するものである。それは，従来の混合測定が，企業体中心のいわば経営者の立場から測定評価するのに対して，新たな会計観をもたらすこととなる。

　換言すれば，現代会計は，収益費用アプローチ・資産負債アプローチとの混合的会計観からさらに公正価値会計観にいかに対応するかが，重要な課題となってきつつある。

第3章

損益計算の基本構造

I 損益計算の発展と発生主義会計

1 利益計算の2方法と期間損益計算

　企業の利益計算に関しては，基本的には財産法と損益法という2つの方法がある。

(1) 財産法
　財産法による利益の算定は次式で示される。

期末純財産－期首純財産＝利益

　この場合の利益は，純財産の増加分としてとらえられるところから，純財産増加説に基づく利益と称される。また，企業主が期中に純財産を引き出し，あるいは出資したときはこれを加減する必要がある。その場合には次のように示される。

期末純財産－期首純財産＋期中引出額－期中出資額＝利益

　財産法は，本来，財産調査に基づいて財産貸借対照表を作成報告する財産計算目的のもとにおける利益算定法を意味していた。今日では貸借対照表による利益算定法としても説明されることがある。

(2) 損益法

これに対し，損益計算書にみられるような利益は，次式で示される。

$$収益 - 費用 = 純利益$$

この場合の利益は，収益と費用の差額としてとらえられるところから，費用収益差額説に基づく利益と称される。

このような期間損益計算において，収益と費用とをいかなる原則・基準に基づいて認識するかにより，次のような区別が見いだされる。

① 現金主義会計
② 半発生主義（権利義務主義）会計
③ 発生主義会計

しかも，企業会計の発展においては，現金主義会計から半発生主義会計へ，そこからさらに発生主義会計へと進展してきたとみられる。

2 発生主義会計への進展

(1) 現金主義会計

現金主義会計では，収益・費用は現金主義に基づいて認識される。すなわち，収益は，現金収入の時点で認識計上され，費用は現金支出の時点で認識計上される。

$$現金収入 - 現金支出 = 利益（損失）$$

このような現金主義会計があてはまるのは，一つは長期の償却性資産を使用せず，しかも現金取引のみを行う企業の損益計算においてである。他の一つは，企業の解散を前提とする全体損益計算（全体収入 – 全体支出 = 全体損益）においてである。

(2) 半発生主義（権利義務主義）会計

現金取引中心から信用取引が増加するにつれて，半発生主義会計へ移行する。半発生主義に基づくときは，現金収入，現金支出だけでなく，信用取引に伴う権利・義務の発生の事実をもって収益および費用を認識計上することとなる

(権利確定主義)。すなわち,そこでは,収益は現金収入および収入権利発生の時点において認識計上され,費用は現金支出および支出義務発生の時点において認識計上される(義務主義)。このことから半発生主義はまた,権利義務主義とも呼ばれる。

ところで,このような現金および信用の授受を中心とする貨幣的な側面に対して,これと対流をなす給付の側面からも観察することができる。現金収入・収入権利発生がもたらされるのは,何らかの給付(有形・無形の財)を外部へ提供したときである。同様に現金支出・支出義務発生がもたらされるのは,外部から給付を受け入れたときである。これより,半発生主義会計は,貨幣計算的な側面からだけではなく,給付計算的な側面からもみることができる。

貨幣(計算)的側面	給付(計算)的側面
(現金収入+収入権利発生額) -)(現金支出+支出義務発生額) =利益(損失)	給付の提供額 -)給付の受入額 =利益(損失)

半発生主義会計においては,給付(財または役務)の受入時に費用が認識計上される。長期的に使用する償却性資産を受入時にすべて費用として計上することになり,正確な期間損益計算が達成されないこととなる。

図表3-1　貨幣の流れと給付の流れ

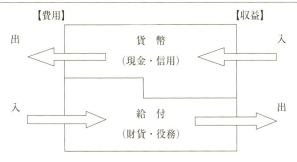

このような半発生主義会計において機械・設備等の固定資産の取得は,給付の受入れとして費用に計上されることとなる。しかし,現代では,多くの固定

資産は長期間使用されるため、取得時に資産に計上し、期間の経過・使用に伴って費用を計上する減価償却手続が採用される。このような会計は、発生主義会計と称される。

(3) 発生主義会計

企業が大規模化し、固定資産の占める割合が増大するとともに、資産の消費・利用に伴う経済価値の減少の事実に従って費用を認識計上する発生主義会計への進展がみられる。

① 純粋発生主義会計

発生主義会計は、純粋な意味においては費用・収益を発生主義に基づいて認識計上することを意味する。発生主義に基づいて収益を認識することは、給付の生産・保有に伴い経済価値の増加の事実が発生した時点でこれを認識計上することを意味する。

```
    生産・保有に伴う経済価値の増加＜発生主義＞
 －）消費・利用に伴う経済価値の減少＜発生主義＞
  ＝  利益（損失）
```

② 広義の発生主義会計

しかし、発生主義に基づいて収益を認識するときは、その経済価値の増加が実現しない可能性がある。そこで、収益は、実現主義に基づいて、給付の対外提供（販売）により経済価値の増加が確実化した時点において認識計上するのが一般的である。

```
    販売に伴って実現した経済価値の増加＜実現主義＞
 －）消費・利用に伴う経済価値の減少　　＜発生主義＞
  ＝  利益（損失）
```

伝統的な発生主義会計においては、収益の認識にあたりむしろ実現主義が原則として採用され、発生主義はその収益の実現が確実と見込まれる場合にのみ例外的に適用されるにとどまった。

情報提供を重視する現代会計においては，原価・時価の混合測定により，未実現の保有損益をも認識計上することが考慮されるようになり，収益認識にあたっても発生主義がかなり適用されるようになってきている。

Ⅱ 損益計算書の本質と区分

1 損益計算書の本質

損益計算書は，企業の経営成績を明らかにするため，一会計期間に属するすべての収益とこれに対応するすべての費用とを記載して経常利益を算定表示し，これに特別損益に属する項目を加減して当期純利益を表示する。したがって，損益計算書は経営成績を明らかにするために，次の2つの利益の計算に大きく区分される。

[A] すべての収益－すべての費用＝経常利益
[B] 経常利益±特別損益＝当期純利益

経常利益は，一会計期間における経済的効果としての収益と，これを達成するために要した経営的努力としての費用との対応による経営成績を意味する。これは，企業本来の経常的ないし日常反復的な経営活動の成果を示すものであり，いわば狭義の経営成績（業績測定利益）を意味する。

他方，当期純利益は，このような当期の経常利益に，期間外の特別損益（特別利益・特別損失）を加減して算定される。それはいわば企業の処分可能利益ないし分配可能利益の意味における広義の経営成績を示す。損益計算書における経営成績は，当期の業績測定利益（経常利益）と処分可能利益（当期純利益）との2段階で把握される。

2 損益計算書の区分

狭義の経営成績は，当該期間の日常反復的（経常的）な経営活動の成績（成果）である。経営活動は，さらに営業活動とそれ以外のいわゆる営業外活動とに区分される。営業活動は，その企業が目的とするいわば本業としての活動で

ある。一般企業の場合,製造・販売活動がこれにあたる。営業外活動は,そのような営業活動が円滑に行われるようにこれを支える活動であり,金融ないし財務に関する活動がその典型である。

営業活動に関する効果と努力は営業収益・営業費用として示され,両者の差額は営業利益(マイナスの場合営業損失)となる。この営業利益(営業損失)に営業外活動に関する効果と努力である営業外収益・営業外費用を加減して経常利益が算定される。

これより損益計算書における経常利益と当期純利益の計算は,より具体的には,図表3-2のように示される。したがって,営業利益・経常利益・当期純利益の算定にあたっては,それぞれ営業損益・営業外損益・特別損益の計算処理がなされることとなる。

図表3-2 損益計算書の区分

	営業収益	営業損益の計算
(-)	営業費用	
	営業利益(営業損失)	
	営業外収益	営業外損益の計算
(-)	営業外費用	
	経常利益(経常損失)	
	特別利益	特別損益の計算
(-)	特別損失	
	当期純利益(当期純損失)	

III 費用・収益の記録―認識・測定・分類―

会計記録にあたっては,対象となる経済事実の認識・測定・分類がなされる。したがって,その場合,より適切な会計報告ができるように,認識・測定・分類にあたっては,それぞれの原則・基準に従って会計記録がなされなければならない。

1 費用・収益の分類

この損益計算書の区分からは，収益は営業収益と営業外収益とに区分される。費用もまた営業費用と営業外費用とに区分される。このような営業（調達・製造・販売）・営業外（財務等）の区分は，企業の機能（職能）に基づく分類であるから，機能別分類と称される。

費用に関しては，機能別分類に先だって，その発生源泉別の分類がなされる。費用の発生源泉としては，基本的にはヒト・モノ・カネという経営の3要素のいずれを源泉とするかによって，人件費・物件費・購入役務費に大別されることがある。購入役務費というのは，カネの支払に伴って発生する外部用役に関する費用（広告費・水道光熱費等）であり，外部用役費とも称される。

原価計算では，材料費・労務費・経費という分類が発生源泉別分類（形態別分類，要素別分類とも称される）に相当する。ただし経費に関しては，動力部費のように材料費や人件費の部分も含む複合経費も含まれ，購入役務費よりも広くとらえられることもある。

会計上の分類（classification）は，基本的・一般的にはクラス分け（分類・区分）することを意味する。具体的には，それは認識された事実の計上科目を決定することを意味する。前述のように分類の基準としては，発生源泉別分類（形態別・要素別分類）と機能別分類とが基本的である。会計事実の記録にあたっては，通常，まず発生源泉別（形態別・要素別）に分類がなされ，その後に機能別あるいは目的別に（再）分類がなされる。会計上の分類基準は，会計処理の目的に基づくとともに，会計報告ないし伝達にも深くかかわる。

いずれにせよ，費用・収益の記録にあたっては，費用は発生源泉別に分類され，その後に収益とともに機能別に（営業および営業外に）分類区分されることになる。これにより，収益と費用とが対応計算され表示されることになる。

2 費用・収益の認識

費用・収益に関しては，いつの時点でこれを計上するかが問題となる。このような計上時点の決定は会計上の認識（recognition）という。

会計上の認識は，基本的・一般的には企業に生起した経済的事実について，

これが会計記録を要する会計的事実か非会計的事実かを識別することを意味する。そして，具体的には，会計的事実についてこれをいつ会計記録として計上するか，その計上時点を決定することが認識として理解される。

たとえば，これを収益・費用の計上時点と認識原則との関係についてみれば，図表3-3のように示される。

図表3-3　収益・費用の計上時点と認識原則

費用・収益の計上時点	認識原則
①現金収支の時点	①現金主義
②収入権利の発生および支払義務の発生の時点（給付の提供および給付受入の時点）	②半発生主義（権利義務主義）
③経済価値増減の事実が発生した時点	③発生主義
④販売により経済価値増加が実現した時点	④実現主義

3　費用・収益の測定

会計上の測定 (measurement) は，基本的・一般的には対象に数（数量や金額等）を割り当てることを意味する。具体的には，それは認識された事実の計上金額を決定することを意味する。

測定にあたっては，なによりも取引における対価を基礎（測定対価の原則）として，過去・現在・将来の収入（予定額）および支出（予定額）が用いられる。このような原則は収支主義あるいは収支的評価の原則とも称される。

そして，具体的な測定にあたっては，過去の取引時における対価ないし収支（予定額）を基準とする取得原価主義（原価基準）や，市場価格等の公正な評価額に基づいて現在の価値を測定する時価主義（時価基準）等が適用される。とくに時価は，将来の収入予定額・支出予定額として位置づけられる。

収支主義と現金主義とは混同してはならない。現金主義は取引記録の計上時点に関するいわゆる認識上の原則（基準）であるのに対し，収支主義は取引記録の計上金額に関するいわゆる測定上の原則（基準）である。

4　現代会計における認識・測定・分類とその基準

収益・費用の一般的意味と具体的意味ならびに適用される原則・基準の例について一覧表示すれば，図表3-4のように示されるであろう。

図表3-4　認識・測定・分類の一般的意味と具体的意味・基準

	認識	測定	分類
一般的意味	会計的事実か否かを識別する	対象に数を割り当てる	クラス分け（分類・区分）する
具体的意味	計上時点の決定	計上金額の決定	計上科目の決定
原則・基準の例	実現主義（販売基準） 発生主義（生産・消費基準） 半発生主義（権利義務主義） 現金主義	収支主義（収支的評価の原則） 取得原価基準 時価基準 割引現在価値基準	発生源泉別分類（形態別・要素別分類） 機能別分類

伝統的会計において，測定に関しては取得原価主義が，また認識に関しては実現主義がおもに適用された。すなわち，商製品（商品・製品）は売れるまでは取得原価で評価され，販売されてはじめて売価（市場価格）で評価された。また，伝統的会計では原価と時価とを比較して評価益を計上することは認められず，評価損のみ保守主義の観点から認められた（低価法）。伝統的会計では，取得原価主義会計の名のもとに取得原価主義と実現主義がおもに適用された。

これに対し，現代会計では，資産の種類によっては取得原価だけでなく時価や将来キャッシュ・フローの割引現在価値の適用もまた認められ，評価益の計上も認められあるいは強制されるようになった。このような混合測定による評価益の認識計上は，もはや実現主義ではなく発生主義（あるいは実現可能基準）の適用として位置づけられる。

第4章

収益・費用の会計

　収益・費用の会計に関しては，より具体的には営業収益・営業費用（営業損益）の計算と営業外収益・営業外費用（営業外損益）の計算とに大きく区別される。とくに，収益の認識計上にあたっては，原則として実現主義が採用される。また費用の認識計上にあたっては，原則として発生主義が採用される。

　これに対し，期間外的，非経常的あるいは異常な経済価値の増加・減少は，特別利益・特別損失として，収益・費用とは区別して扱われる。経常利益にこのような特別損益を加減して当期純利益（当期純損失）が計算表示されることとなる。

I　収益の会計

1　収益の認識と実現主義

(1)　実現主義の3要件

　営業収益の認識に関しては，原則として実現主義が採用される。実現主義による収益の認識にあたっては次の3つの要件を充足することが必要である（阪本1983 a，41頁）。

　① 　給付の対外提供…収益となる給付（有形・無形の財）が企業外部へ提供されること。

　② 　給付の対価確定…提供された給付の対価の決定に関して買い主の同意が得られること（同意の成立）。

　③ 　対価の高度流動化…給付の対価が，企業に支払手段（現金等）として受け入れられるか，容易に支払手段化しうる状態にあること（支払手段の容

易性ないし対価受取の確実性)。

(2) 実現主義の3要件と特殊販売契約

通常の販売形態はほぼこの実現主義の3要件を容易に充足しうる。しかし,これら3つの要件のいずれかの充足に困難を伴うか,あるいはその充足に特殊性を有する販売形態もみられる。これは特殊販売契約ないし特殊販売形態といわれる。このような特殊販売契約として,委託販売,試用販売,予約販売,(長期の)割賦販売があげられる。

たとえば委託販売は,受託業者へ商品を積送した段階では要件①を充足するが,要件②および要件③をまだ充足しない。試用販売は,商品(試用品)を消費者へ提供する(要件①)のみでは収益はまだ実現しない。予約販売は,予約の段階では,対価の前受け(要件③)はありえても,給付の対外提供(要件①)はまだなされていない。長期の割賦販売は,対価の高度流動化(要件③)が必ずしも確実とはみられない。これらの特殊販売契約については,それぞれ追加的な配慮が必要とされ,追加的・例外的な基準が認められる場合もある。

なお,実現主義の要件に関しては,要件②を要件③に含めて2要件とする場合もある。その場合には,(1)給付の対外提供と,(2)給付の対価の高度流動化(対価受取の確実性)とが実現主義の要件としてあげられる。ただ,すでにみてきたように,3要件のほうが特殊販売契約の意味を理解するうえでより適切であるとみられる。

2 特殊販売契約と実現主義の例外的適用

通常の販売形態は,実現主義の3つの要件のすべてを比較的容易に充足する。これに対し,特殊販売契約には,3つの要件のいずれかの充足に特殊性が存在する。そこでは,収益の認識にあたり,実現主義(販売基準)を原則とするものの,その特殊性に従って例外的な基準が認められている。

(1) 委託販売

委託販売については,受託者が委託品を販売した日をもって売上収益の実現の日とする。すなわち,委託販売に関しては受託者販売基準を原則とする。た

だし，仕切精算書（売上計算書）が販売のつど送付されている場合には，当該仕切精算書が到達した日をもって売上収益実現の日とみなすことができる。すなわち，仕切精算書到達日基準が例外的に認められる。

(2) 試用販売

　試用販売に関しては，その試用品の提供によってではなく，買い主が買取りの意思表示をすることによって（その対価および支払方法が確定され）売上が実現することとなる。これは，販売基準の中でもとくに買取意思表示基準と呼ばれる。

(3) 予約販売

　予約販売については，販売（役務給付）基準による。したがって，予約金受取額のうち決算日までに商品の引渡しまたは役務の給付が完了した分だけを当期の売上高に計上する。

(4) 割賦販売

　割賦販売は，商品等を引き渡した日をもって売上収益の実現の日とする販売基準を原則とする。ただし，長期の割賦販売については，代金回収等に不確実性と煩雑さとを伴う場合が多い。収益の認識を慎重に行うため，割賦金の回収期限の到来の日または入金の日をもって売上収益実現の日とすることも認められる。すなわち，長期の割賦販売に関しては，回収期限到来（請求期限到来）基準や回収基準が例外的に認められる。

(5) 特殊販売契約と認識基準

　特殊販売契約における具体的な認識基準を原則的基準と例外的基準に分けて示せば，次の図表4-1のようになる。

　回収基準および回収期限到来基準のような例外的基準も実現主義の適用として位置づけられることがある。しかし，本来，回収基準は現金主義の適用であり，回収期限到来基準は半発生主義（権利義務主義）の適用としてとらえられる。

図表 4-1 　特殊販売契約の認識基準

特殊販売契約	原則的基準	例外的基準
①委託販売	販売基準	仕切精算書到達日基準
②試用販売	買取意思表示基準	──
③予約販売	販売基準	──
④割賦販売	販売基準	回収期限到来基準 回収基準

3　収益認識と発生主義

(1)　長期請負工事収益の認識

長期の請負工事に関する収益の認識計上について，次の2つの基準があげられる。

①　工事進行基準

工事進行基準は，決算期末に工事進行程度を見積り，適正な工事進行率によって工事収益の一部を当期の収益として認識計上するものである。通常，工事進行度合を示す工事進行率は，おもに物理的な基準よりもむしろ経済的な基準によって算定される。すなわち，工事進行率は，次のようにして求められる。

$$工事進行率 = \frac{当期工事費発生額}{総工事費見積額}$$

この工事進行率を請負工事の総請負金額（工事契約代価）に乗じて，当期の工事収益が求められる。

$$当期工事収益 = 総請負金額（工事契約代価）\times 工事進行率$$

当期工事収益は，工事完了前の未完成工事（仕掛品）に対する収益を認識計上するものであり，発生主義の適用として考えることができる。

② 工事完成基準

　工事完成基準は，工事が完成しその引渡しが完了した日に工事収益を認識計上するものであり，長期請負工事への実現主義の適用としてとらえられる。
　国際的には工事進行基準が採用されるが，わが国では，その進捗部分について成果の確実性が認められる場合には工事進行基準を適用し，この要件を充たさない場合には工事完成基準を適用するよう指示している（工事契約会計基準9）。

(2) 発生主義に基づく収益の認識

　収益を発生主義によって認識しても計算上の確実性が得られるとみられる特定の取引に関しては，発生主義の適用が認められることがある。その代表的な例としては，次のようなものがあげられる。
　① 工事進行基準（長期請負工事）
　② 収穫基準（金，銀，米麦等穀物）
　③ 時間基準（未収収益）

　①の工事進行基準についてはすでにみてきた。②の収穫基準では，安定した市場価格によって引き取られることが確実な金銀等の鉱産物や米麦等の農産物については，その生産（収穫）時点において収益を認識計上することが認められる。その場合，その測定にあたっては，売価から，販売までに要する保管費・運送費等の事後費用を差し引いた正味実現可能価額が用いられる。
　③の時間基準に関しては，たとえば定期預金利息のように，継続的な役務契約について発生した収益の未収額（未収収益）があてはまる。
　以上のような収益認識原則・基準に関して，取引の過程における認識時点との関係から整理すれば，図表4-2のように示されるであろう。
　なお，営業外収益に関しても，売買目的有価証券は時価で評価され，未実現の評価益が計上される。これは，売買目的有価証券の保有による経済価値増加を認識計上するものであり，発生主義（実現可能基準）の適用として位置づけられる。

図表4-2　認識時点と認識原則・基準

	生産・在庫時	販売時	請求期限到来時	代金回収時
原則	発生主義	実現主義	半発生主義	現金主義
基準	生産基準 (実現可能基準)	販売基準	権利確定基準 回収期限到来基準	回収基準

II　費用の会計

1　発生主義による費用の認識

今日の企業会計において，費用の認識は原則として発生主義に基づいて行われ，一部例外的に半発生主義（取替法）の適用等が認められている。

発生主義に基づいて財または役務の経済価値の費消量を把握する方法としては，数量を中心とする方法（数量的把握法），時の経過を中心とする方法（時間的把握法），そして見積りによる方法（見積計上法）に大別される。

(1)　**数量的把握法**

これはさらに次の3つの方法に区分される。

①　直接に財・役務の数量的または金額的な減少の事実を把握する方法…商製品等の継続記録法がこれにあたる。

②　一定時点における財・役務の有高によって未費消高を確認し，これを基礎として間接的に費消量を把握する方法…商製品等の継続記録法によらずに期末棚卸法（棚卸計算法）による場合がこれにあたる。

③　一定期間における財・役務の消費・使用から得られた生産高等から間接的に財または役務の費消量を把握する方法…材料費の算定のための逆計算法や固定資産の減価償却における生産高比例法がこれにあたる。

(2)　**時間的把握法**

これは，使用期間や時の経過に伴う財または役務の価値の費消量を把握する

方法である。設備や建物等の償却性の資産について，その使用期間の経過に伴って減価償却を行う場合や，一定の契約に従い継続的に役務の提供を受ける場合の未払費用や前払費用の認識計上を行う場合がこれである。

なお，継続的な役務契約から生じる未払費用や前払費用は，未収収益・前受収益とともに経過勘定項目と称される。これらの項目は，継続的な役務契約以外の契約から生ずる前払金，前受金，未払金，未収金とは区別される。

(3) 見積計上法

これは，事実はすでに発生しているが，その対価が確定ないし確実化していないために費用を見積計上する方法である。引当金繰入による見積費用の計上を行う場合があてはまる。

(4) 具体的な費用認識基準

発生主義の具体的な費用認識の基準についてみれば，上記の各方法に関して次のものがあげられるであろう。

① 数量的把握法
 (a) 継続記録法…払出基準（商製品等の継続記録），検針基準（水道料，ガス，電力料等の測定経費）
 (b) 期末棚卸法（棚卸計算法）…棚卸基準（商製品の実地棚卸）
 (c) 逆計算法，生産高比例法…生産高基準
② 時間的把握法…時間基準
③ 見積計上法…見積基準

2　半発生主義（取替法）による費用の認識

鉄道会社のレールや枕木のように同種の物品が多数集まって1つの全体を構成し，老朽品の部分的取替を繰り返すことにより全体が維持されるような固定資産（取替資産）については，取替法の適用が認められる。取替法は，当該資産の取得時にこれを資産計上し，その更新（取替）時に新たに取得した資産の実際取得原価を費用として計上する方法である。この方法では，取替資産の受入れの時点でその取替額に基づいて費用計上する。それは，半発生主義による

費用の認識の方法として位置づけられる。

Ⅲ　営業収益・営業費用の計算

1　営業活動と収益・費用の計算

　営業活動は，企業が主目的とする活動であり，一般企業の場合，企業が目的とする商品・製品の製造・販売に関する活動である。その営業収益としては，たとえば商品・製品の販売の場合には売上高として算定表示され，サービスの提供の場合は受取サービス料等として計上されることもある。営業費用は，販売された商品・製品それ自体にかかわる費用（コスト）すなわち売上原価と，その販売に要した直接的・間接的な費用すなわち販売費及び一般管理費とからなる。

2　売上原価・売上総利益の計算

　営業損益の計算にあたっては，まず，営業収益たる売上高とこれに対応する商品・製品の売上原価を差し引いて売上総利益（または売上総損失）が算定表示される（売上総利益の計算）。そして，これからさらに販売費及び一般管理費を差し引いて営業利益が算定表示される（営業利益の計算）。すなわち，次のように示される。

　①　売上総利益の計算

　　　　売上高－売上原価＝売上総利益（または売上総損失）

　②　営業利益の計算

　　　　売上総利益－販売費及び一般管理費＝営業利益（または営業損失）

　ここで，売上原価は，商品・製品の場合その期に販売された商品あるいは製品の原価であり，より具体的には次のように算定される。

<売上原価の計算>
期首商製品棚卸高
＋当期仕入・製造高
小　計
－期末商製品棚卸高
差引：売上原価

　また，サービス業の場合は提供したサービスの原価が，営業収益たる受取サービス料に対応される。

3　販売費及び一般管理費

　販売費及び一般管理費に関しては，販売費を例えば注文獲得に関する費用と注文の履行に関する費用とに分ければ，図表4-3のように示される。

図表4-3	販売費及び一般管理費
販売費	【注文獲得関係】広告宣伝費，販売促進員旅費・給料など
	【注文履行関係】荷造費，運搬費，販売手数料，営業債権（売掛金・受取手形）の貸倒引当金繰入額（貸倒償却）など
一般管理費	事務員給料，営業・一般管理部門の減価償却費，修繕費など

　営業取引に基づいて発生した債権（営業債権）に対する貸倒引当金繰入額（貸倒償却）は販売費に含まれる。減価償却費でも製造用機械設備等の減価償却費は，製造経費として材料費や労務費とともに製造原価に含まれる。

Ⅳ　営業外損益・特別損益・当期純利益の計算

1　営業外損益の計算

　営業外収益・営業外費用に関しては，たとえば次の図表4-4のような項目があげられる。

図表 4-4	営業外収益・営業外費用
営業外収益	受取利息,有価証券利息,受取配当金,有価証券売却益,有価証券評価益など
営業外費用	支払利息,有価証券売却損,有価証券評価損,非営業債権(貸付金等)の貸倒引当金繰入額(貸倒損失)など
	繰延資産(創立費,開業費,開発費等)の償却

したがって,ここでは,生産・販売過程以外の経営活動である金融(財務)活動の効果と努力ならびに繰延資産の償却にみられるような組織形成にかかわる費用等が含まれる。

流動資産としての売買目的有価証券に関しては時価(市場価格すなわち公正価値)評価が義務づけられている。これにより有価証券評価損だけでなく有価証券評価益も計上される。金融取引に関しては,時価評価の適用拡大に伴って,必ずしも実現主義ではなく,発生主義(実現可能性基準)の適用が重視される傾向にある。

2 特別損益の計算

特別損益には,①臨時損益と②過年度損益修正とが含まれる。特別損益(特別利益・特別損失)項目について,これを臨時損益と前期損益修正項目とに分けて示せば,たとえば図表4-5のような科目があげられる。

図表 4-5	特別利益・特別損失	
	臨時損益	前期損益修正
特別利益	固定資産売却益,投資有価証券売却益など	貸倒引当金戻入額,償却債権取立益,過年度減価償却修正益など
特別損失	固定資産売却損,投資有価証券売却損,災害損失など	過年度減価償却修正損,過年度商品評価損など

3 当期純利益の計算

営業損益と営業外損益および特別損益を加減することにより税引前当期純利

益が計算される。この税引前当期純利益から法人税等および法人税等調整額を加減すれば税引後の当期純利益（マイナスの場合当期純損失）が計算される。

　法人税等は利益に関連して課税される税金であり，これに前払税金・未払税金の効果がある部分については「法人税等調整額」として加減され，「繰延税金資産」・「繰延税金負債」として貸借対照表に繰延・見越計上される。

　つまり，法人税等には，当期税引前利益の額に基づいて納付すべき法人税・住民税・事業税が含まれる。法人税等調整額は，税効果会計の適用により計上される当該事業年度の法人税等の調整額をいう。当期の法人税等のうち，前払税金に相当する部分（法人税等調整額）はこれを法人税から差し引いて繰延税金資産に振り替える。また，未払税金に相当する部分（法人税等調整額）はこれを借方計上して法人税等に加算するとともに繰延税金負債を負債に計上する。

第5章

貸借対照表の基本構造

I　貸借対照表観の発展

　貸借対照表の内容と解釈（貸借対照表観）は，時代とともに，換言すれば会計目的の発展とともに，変化してきた。会計目的に関しては，すでにみてきたように財産計算目的から損益計算目的さらに情報提供目的へと発展してきた。それとともに貸借対照表もまた，静的貸借対照表から動的貸借対照表へ，そこからさらに現在では未来指向的貸借対照表へと変化してきている。

1　財産貸借対照表と静的会計観

　かつては財産計算目的のもとに，所有主に帰属する純財産有高とその増加額を算定・報告することが会社の計算として重視された。そこでは，実地棚卸法（財産目録法）により，売却価値（換金価値）に基づいて財産有高の評価がなされ，財産目録が作成された。財産目録は，企業のすべての積極（プラス）および消極（マイナス）の財産を実地に調査確認し，その金額および数量を詳細に一覧表示したものである。

　この財産目録に基づいて，積極財産および消極財産が要約表示され，これとその両者の差額としての純財産とからなる財産貸借対照表が作成される。したがって，ここでは財産目録と財産貸借対照表とが基本財務諸表として取り扱われた。

　財産貸借対照表においては，財産法のもとに財産の実地棚卸調査による純財産増加分としての利益が算定表示される。財産貸借対照表は，静止企業ないし解散企業の前提のもとに一定時点における資産（積極財産）・負債（消極財産）

の清算価値を中心とする企業の財産状態の表示を目的とする。このような貸借対照表に関する解釈は静的貸借対照表観・静的会計観（静態論）と称される。

　財産計算目的は，かつてドイツの商法典やわが国の商法などにおいて採用されていた。そこではまた，債権者保護思想のもとに企業の債務返済（補償）能力をもつ財産の表示が重視されていた。財産法による利益計算においては，2時点間の純財産の比較によって利益が算定される。それゆえ，そこでは利益をその発生源泉にまでさかのぼって把握することはなく，結果的には純財産増加高としての利益を算定するにとどまる。今日でも，財産貸借対照表は企業の創業時や解散時などにおいて作成される。

2　決算貸借対照表と動的会計観・収益費用アプローチ

　これに対し，決算貸借対照表は，誘導法により，日常の取引記録（帳簿記録）に基づいて作成される。その資産，負債，資本（純資産）は，損益計算目的を重視する伝統的会計のもとでは，過去の取引価額たる取得原価に基づいて測定・評価されてきた。それは，もはや企業の財産状態ではなく，継続する企業における企業資金の調達源泉とその運用形態からなる企業の財政状態を算定表示する。このような決算貸借対照表は，継続企業の前提のもとに期間損益計算の連結帯となり，動的貸借対照表観・動的会計観（動態論）に基礎をおくとみられる。

　動的会計観の主唱者であるシュマーレンバッハ（E. Schmalenbach）は，貸借対照表を，期間損益計算の連結帯となるとともに，未解消の支出・費用・収入・収益（給付）に関する繰越機能を果たす補助手段として位置づけた。貸借対照表は，収入支出計算と損益計算との間における未解消項目と，独立項目である支払手段（現金）ならびに資本とを収容するものと解された（図表5-1参照）。

　加えて，貸借対照表における借方と貸方とは，それぞれ「前給付」と「後給付」とを示すとみられる。前給付（資産）は，企業が受け入れた給付（有形・無形の財）であり，企業になおも存在する積極的な力として，将来において用役（便益）をもたらす。後給付（負債・純資産）は，将来において給付ないし支払をしなければならないものを意味する。このように，「未解消のものは，な

図表 5-1 動的貸借対照表の図式

借　方（前給付）		貸　方（後給付）	
独立項目	支払手段（現金）	独立項目	資　本
未解消項目		未解消項目	
支出未費用	諸設備・原材料	費用未支出	未払費用・修繕引当金
支出未収入	貸付金・有価証券	収入未支出	借入金・預り金
収益未収入	売掛金・未収収益	収入未収益	前受収益・前受金
収益未費用	自家生産物	費用未収益	自家修繕引当金

（Vgl. Schmalenbach1962, S.66-72. 土岐訳1959, 47-53頁参照）

おも存在する積極的な力と，消極的な義務とを表す」がゆえに，貸借対照表は「企業の力の貯蔵庫」を示すとされる（Schmalenbach1962, S.71-74，土岐訳1959, 52-55頁）。

　損益計算目的のもとでは，資産・負債よりもむしろ費用・収益の測定が重視された。収益は，それが売却等によって実現されるまで過去の取引額つまり取得原価に基づいて測定された。これに対応して，資産は，未費消の原価ないし費用としてまだ解消されていない項目であり，おもに過去の取引価額つまり取得原価に基づいて評価された（Paton and Littleton1940, p.11, p.67. 訳書17頁，114頁）。伝統的会計におけるこのような会計の見方（会計観）は，収益費用中心観ないし収益費用アプローチとも称される（FASB1976, pars. 38-42）。

3　情報提供（現代会計）と未来指向的会計観

　情報提供を重視する現代会計においても（複式）簿記から誘導される決算貸借対照表が作成される。その場合の資産は，企業が取得あるいは支配している経済的価値すなわち将来の経済的便益ないし用役潜在性（service potentials）としてとらえられる。負債は，企業（実体）の現在の義務から生じる，将来における経済的価値（将来の経済的便益）の負担（犠牲）としてとらえられる。そして純資産は，資産と負債との差額（残余）であり，残余持分（残余請求権）としてとらえられる。

　その根底には，動的会計観のように資産を過去の支出の未費用部分あるいは

未費消原価とみるのではなく,将来の用役給付(用役潜在性)あるいは将来の経済的便益とみる見方(会計観)が存在する。そして,現代会計では,将来の経済的便益としての資産とその経済的便益の犠牲である負債を起点として,その両者の差額としての純資産(資本)や収益・費用等が定義される。このような会計の見方は,資産負債中心観ないし資産負債アプローチと称される(FASB1976, pars. 35-37, pars. 208-215)。

図表 5-2　現代会計における貸借対照表

借方	貸借対照表	貸方
【資産】 企業によって取得あるいは支配されている,将来の経済的便益(用役潜在性)		【負債】 企業の現在の義務から生じる経済的便益の将来の犠牲(経済的負担)
		【純資産(資本)】 企業の負債を差し引いた後に残っている残余請求権(残余持分)

　現代会計では,将来の経済的便益概念にみられるような未来指向的な会計観ないし情報論的会計観に基づいて資産・負債の取得原価だけでなく時価(市場価格)や将来キャッシュ・フローの割引現在価値が選択的に適用される。このような測定は混合測定(hybrid measurement)と称される。

　現行の会計実務のすべてが資産負債アプローチのもとに展開されているわけではない。新たな会計基準・会計規定が適用されない領域に関しては,伝統的会計における収益費用アプローチに基づいて処理されるものも多い。しかし,さまざまの新しい会計基準の設定・公表に伴い,収益費用アプローチの適用範囲が徐々に狭められてきたことも確かである。

II　貸借対照表の本質と区分

1　貸借対照表の本質と区分

　貸借対照表の本質は企業の財政状態の表示に求められる。企業の財政状態は,

企業資金の調達源泉と運用形態を意味する。このような企業の財政状態表示を目的とする貸借対照表は，決算手続を経て損益計算書と有機的関連性をもって作成されるところから，決算貸借対照表とも称される。

決算貸借対照表の借方には資産が，貸方には負債および純資産が記載される。借方側資産は，流動資産・固定資産・繰延資産に区分される。これにより，企業資金の短期運用形態（流動資産）と長期運用形態（非流動資産）とが示される。貸方側における負債と純資産との区分は，基本的には企業資金の第三者（債権者）と所有主（株主）とからの調達源泉とを明らかにする。

2　資産の分類

わが国の企業会計において，資産は，流動資産，固定資産および繰延資産に区分される。そして，固定資産に関しては，さらに有形固定資産，無形固定資産，投資その他の資産に区分される。なお，流動資産に関しては，当座資産，棚卸資産，その他の流動資産に類別されることがある。これより，資産の区分とその具体的な項目を例示すれば，**図表5－3**のように示すことができる。なお，資産の分類区分としては，この他に貨幣性資産と非貨幣性資産との区分がある。そこでは，資産の支払手段化ないし現金化の容易性の程度に従って，現金，預金，売掛債権，売買目的有価証券等の貨幣性資産と，これ以外の，いわ

図表5－3　資産の区分と項目例

流動資産		【当座資産】現金預金，受取手形，売掛金，有価証券
		【棚卸資産】商品，製品，仕掛品・半製品，原材料等
		【その他】前払金，短期前払費用，未収収益
固定資産	有形固定資産	建物設備，機械・装置，車両運搬具，工具器具及び備品，土地，建設仮勘定，その他
	無形固定資産	のれん，特許権，借地権，商標権，実用新案権，意匠権，鉱業権，漁業権，ソフトウェア，その他
	投資その他の資産	関係会社株式・投資有価証券，出資金，長期貸付金，繰延税金資産，その他
繰延資産		創立費，開業費，株式交付費，社債発行費等，開発費

ゆる棚卸資産，固定資産，繰延資産といった非貨幣性資産とに区分される。また，金融商品・金融取引を重視する観点からは，金融資産と非金融資産とに区分されることがある。

3　負債および純資産の本質と区分

(1)　負　債

　負債は，第三者（債権者）からの企業資金の調達源泉を示すとともに，企業（実体）の現在の義務から生じる，将来における経済的価値の負担ないし将来の経済的便益の犠牲である。負債は流動負債と固定負債とに区分される。そこには確定債務の他に見積項目たる（負債性）引当金が含まれる。

図表5-4　負債の区分と項目例

負債	流動負債	支払手形，買掛金，短期借入金，未払金，未払費用，前受金，前受収益，預り金，各種引当金（短期），その他
	固定負債	社債，長期借入金，各種引当金（長期），繰延税金負債，その他

(2)　純資産

　純資産の部は，所有主からの企業資金の調達源泉を示すとともに，負債を差し引いた後に残っている資産の残余つまり残余持分ないし残余請求権を示す。純資産の部は，以下のように3つの項目に大きく区分される

　　Ⅰ　株主資本
　　Ⅱ　評価・換算差額等
　　Ⅲ　新株予約権

　株主資本には，資本金・資本剰余金・利益剰余金・自己株式が含まれる。自己株式の保有は，実質的には株主への払戻しによる減資に相当するものとみられ，株主資本の控除項目としてとらえられる。

　評価・換算差額等は，特定の資産の時価評価等に基づく差額であり，未実現損益として繰り延べられる純資産部分としてとらえられる。

　新株予約権は，企業が将来において新株を発行するか自己株式を移転する権

利を与える契約である。予約権者が権利を行使しないとき，この新株予約権は，返済義務がなく，特別利益となる。

図表 5-5　純資産の区分と項目例

純資産	株主資本	資本金，資本剰余金，利益剰余金，自己株式
	評価・換算差額等	その他有価証券評価差額金，繰延ヘッジ損益，土地再評価差額金
	新株予約権	

4　貸借対照表の区分基準・配列法

(1)　流動・固定を区分する基準

　流動資産と固定資産，流動負債と固定負債を区分する基準については，営業循環基準（operating cycle basis）と1年基準（ワンイヤー・ルール，one year rule）とがあげられる。

　営業循環基準に基づいて，図表5-6に示されるような営業循環過程内にある資産・負債はこれを流動資産・流動負債としてとらえる。営業循環の過程は企業の保有する現金または信用（支払手形，買掛金等）によって，商品，半製品，原材料等を仕入れ，保管・製造・加工等を通じて，より一層価値の高い製品・商品等として企業外へ提供し，その対価として受取手形，売掛金等を受け入れ，現金化（回収）するという反復的な営業活動を繰り返す過程としてとら

図表 5-6　営業循環過程

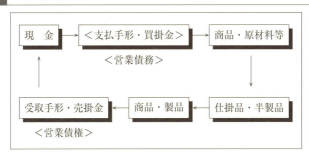

えられる。したがって，営業取引に関する債権債務だけでなく，商品，製品，半製品，原材料，仕掛品等の棚卸資産も含めて，このような営業循環過程の中に全面的に入る資産または負債は流動資産または流動負債として扱われる。

このような営業循環基準を適用することにより，製造販売に長期間を要するような製品等を棚卸資産に計上することが可能となる。そして，営業循環基準によって流動資産・流動負債に含まれなかった資産・負債については，さらに1年基準を適用する。1年以内に現金化する，つまり1年以内に入金または支払期限の到来するものは流動資産・流動負債とされ，1年を超えて現金化するものは固定資産・固定負債としてとらえられることとなる。

(2) 貸借対照表の配列法

貸借対照表では，財政状態表示目的のもとに，とくに流動と非流動（固定）との区分が重視される。受取手形，売掛金，前払金等の，企業の主目的たる営業取引によって発生した債権（いわゆる営業債権）は，営業循環基準の適用により流動資産に属する。また，貸付金や，営業目的以外の取引によって発生した未収金等の債権（いわゆる営業外債権）で1年以内に入金の期限が到来するものは，1年基準の適用により，流動資産に属する。

このように流動資産は，流動負債の返済に充てられるために流動負債よりも金額的に大きいこと，それゆえ，流動比率（流動資産／流動負債）が1（100%）より大であることが望まれる。

さらに流動資産においては，棚卸資産よりも早く現金化する当座資産に関する項目が先に配列される。このような当座資産が，流動負債の返済により直接的に充当されることとなる。流動資産と流動負債に関しては，現金化しやすい項目から順に配列する方法は流動性配列法と呼ばれ，わが国ではこの配列法が一般に採用される。

これに対し，固定資産や固定負債あるいは資本金等の固定性の高い項目から配列する方法は固定性配列法という。固定性配列法は，ドイツの多くの企業やわが国電力企業で採用されている。

第6章

資産の会計

I 資産の本質と分類

1 資産の本質

　企業の財政状態表示を目的とする決算貸借対照表において，資産は企業資金の運用形態を示す。このような資産は，企業(実体)が取得しあるいは支配している経済的価値すなわち将来の経済的便益をもたらすものとしてとらえられる。

　そこでは，売却価値（換金価値）をもつ資産（財産対象物）だけでなく，将来に効果が及ぶ特定の費用の繰延べである繰延資産や，法的な所有権はないが実質的に支配するリース資産等も含まれる。

2 資産の分類

　わが国の企業会計において，資産は，流動資産，固定資産および繰延資産に区分される。そして，固定資産に関しては，さらに有形固定資産，無形固定資産，投資その他の資産に区分される。なお，流動資産に関しては，当座資産，棚卸資産，その他の流動資産に類別されることがある。

II 流動資産

1 当座資産等

　当座資産は，流動資産の中でもとくに現金および容易に現金化しうる状態に

ある資産である。これには，①現金預金，②受取手形，③売掛金，④有価証券等が含まれる。

(1) 現金預金

　現金には，通貨（紙幣，硬貨），送金小切手，他人振出小切手，公社債の満期利札，郵便為替証書などが含まれる。預金には，当座預金・普通預金など金融機関に対する預金・貯金・掛金で1年以内に払戻し期限の到来するものが含まれる。

　銀行で当座預金口座を開設すれば小切手を振り出して取引の決済が可能となる。さらには，一定期間必要とする小口現金について小切手を振り出して用度係に前渡しする方法は定額資金前渡制（インプレストシステム）といわれる。この場合，用度係から支払明細報告を受けてそれと同額を補給することにより小口現金の管理を行うことができる。なお，記帳処理上は，当座預金・当座借越（あるいは両者を合わせた当座勘定）や小口現金等の勘定科目を用いて個別に処理するが，貸借対照表上には現金預金（あるいは現金及び預金，現金・預金）として一括して記載する。

　また，大企業の貸借対照表では「現金及び現金同等物」を現金預金あるいは現金として記載されることがある。これによりキャッシュ・フロー計算書と貸借対照表との連携（科目の一致）が図られる。

(2) 受取手形および売掛金

　受取手形は，得意先との間の営業取引に関して発生した手形債権である。受取手形は，これを銀行で割り引き現金化することができるため，売掛金よりも流動性が高いと解される。

　売掛金は，通常の取引に基づいて発生した営業上の未収金である。役務の提供による営業収益で未収のものも含まれる。

　受取手形や売掛金は，営業上の金銭債権として位置づけられる。ただし，破産債権更生債権等で1年以内に回収されないことが明らかなものは，ここには含まれない。なお，このような営業上の金銭債権に関しては，貸倒れをあらかじめ見積った貸倒引当金をこれらの金銭債権の控除項目として記載する。

(3) 有価証券

　流動資産における有価証券には売買目的の有価証券および決算期後1年以内に満期が到来する社債その他の債券が含まれる。売買目的有価証券は，期末時点の時価で評価し，その評価差額は当期の損益として処理する。

(4) 当座資産の意義

　当座資産は，棚卸資産よりもより現金化が容易な流動資産である。当座資産と流動負債との比率は当座比率（当座資産／流動負債）と呼ばれ，企業の支払能力の判断にあたり，流動比率だけでなくこの比率も高いほうが望ましい。

2　棚卸資産

(1) 棚卸資産とその評価

　棚卸資産としては，①商品，②製品，③半製品，④原材料・材料，⑤仕掛品，⑥貯蔵品等があげられる。商品は，商品売買業（商業）を営む企業が販売の目的をもって所有する物品である。製品は，製造業（工業）を営む企業が販売の目的をもって所有する製造完成品（生産品）である。仕掛品は，製品生産のために現在仕掛中のものである。仕掛品の中でも部品のように外部に販売できる物品は半製品と呼ばれる。原材料や材料は製品の製造過程において使用される物品である。貯蔵品等は，消耗品，消耗工具器具備品等で経費や材料費として処理されなかったもので貯蔵中のものである。

　棚卸資産の評価に関しては，原則として購入代価または製造原価に引取費用等の付随費用を加算してその取得原価を算定する。棚卸資産の取得価額がその受入時によって異なる場合，棚卸資産の取得原価を期末の棚卸資産原価と期間費用（売上原価，材料費）とに配分するため，個別法，先入先出法，平均原価法等の費用配分法（原価配分法）が適用される。

　そして，最終的には，原価と時価とのいずれか低いほうの価額をもって棚卸資産の価額とする，低価法（低価基準）が適用される。

(2) 棚卸資産と費用配分

　棚卸資産価額（取得原価）の決定にあたっては，以下のような費用配分法が

適用される。
① 個別法
　これは，個々の実際原価によって期末棚卸品の価額を算定する方法である。したがって，この方法では，基本的には払出しのつどその財の取得原価を個別に調査し，これを払出価額とする。
② 先入先出法
　これは，最も古く取得したものから順に払出しがなされ，期末棚卸品は最も新しく取得されたものからなるとみなして期末棚卸品の価額を算定する方法である。この方法は，受入順（買入順）に払い出すという仮定に立つところから買入順法とも呼ばれる。生鮮食品や新聞雑誌類はじめ多くの商品があてはまる。
③ 平均原価法
　これは，取得した棚卸資産の平均原価を算出して期末棚卸品の価額を算定する方法である。これには，移動平均法と総平均法とがある。
　(a) 移動平均法…棚卸資産の受入れのつど，この受入品を含む受入残高金額を同数量で除して単価（平均原価）を算定する方法である。この方法は，在庫品と新規受入品とが同一空間（容器）内で混ざり合う，石油類，飲料，小物雑貨類等にあてはまる。
　(b) 総平均法…期首繰越高と一定期間内の受入金額の合計を，その期首繰越数量と受入数量の合計で除すことによって単価を算定する方法である。

【設例】
(1) 下記の資料に基づいて，①先入先出法・②移動平均法・③総平均法による場合の売上総利益・期末棚卸高を計算しなさい（@＝単価）。

1日	仕入	10個	@80
10日	仕入	15個	@60
20日	売上	15個	@150
30日	仕入	10個	@50

(2) 上記の資料で，15個の売上のうち8個は1日の商品，7個は10日の商品であった。この場合に④個別法による売上総利益等の計算を行いなさい。

それぞれの方法による売上原価と期末棚卸高の計算を以下に示そう。

① 先入先出法：売上原価＝10個×@80＋5個×@60＝1,100円
　　期末棚卸高＝10個×@60＋10個×@50＝1,100円

② 移動平均法：10日までの受入品単価（移動平均単価）
　　　　＝（10個×@80＋15個×@60）÷（10個＋15個）＝@68
　　売上原価＝15個×@68＝1,020円
　　期末棚卸高＝10個×@68＋10個×@50＝1,180円

③ 総平均法：
　　期末平均単価＝（10個×@80＋15個×@60＋10個×@50）÷（10個＋15個＋10個）＝@62.86
　　売上原価＝15個×@62.86＝943円
　　期末棚卸高＝20個×@62.86＝1,257円

④ 個別法：売上原価＝8個×@80＋7個×@60＝1,060
　　期末棚卸高＝2個×@80＋8個×@60＋10個×@50＝1,140円

これより，次のような結果が示される。

	①先入先出法	②移動平均法	③総平均法	④個別法
売上高	2,250	2,250	2,250	2,250
売上原価	1,100	1,020	943	1,060
売上総利益	1,150	1,230	1,307	1,190
期末商品棚卸高	1,100	1,180	1,257	1,140

④ 売価還元原価法

　これは，異なる品目の棚卸資産をその値入率，回転率に従って適当なグループにまとめ，そのグループごとに原価率を求める。各グループの売価合計額にその原価率を適用して期末棚卸品の原価額を算定する方法である。

$$原価率 = \frac{期首繰越商品原価 + 当期受入原価総額}{期首繰越商品小売価額 + 当期受入原価総額 + 原始値入額 + 値上・同取消額 - 値下・同取消額}$$

　この方法は，取扱品種が非常に多く，各品目ごとの単位原価をもって商品等を評価することが困難な小売業および卸売業において適用される。なお，低価法（売価還元低価法）による原価率は，上の売価還元平均原価法による原価率の式の分母における「値下・同取消額」を除いて算定する。

　このような棚卸資産の貸借対照表価額と期間費用を決定するにあたっては，その計算の基礎にある棚卸資産の数量を把握する必要がある。この数量的把握の方法としては，(1)継続記録法（払出基準），(2)期末棚卸法ないし棚卸計算法（棚卸基準），(3)逆計算法（生産高基準）があげられる。上記のような棚卸品の費用配分における数量的把握にあたっては，継続記録法が採用されることが望ましい。なお，継続記録法が採用される場合にも，期末に実地棚卸が実施され，帳簿価額（帳簿棚卸）と実際有高（実地棚卸）との調整がなされる。

(3)　棚卸資産の低価法評価

　通常の販売目的で保有する棚卸資産について，期末時価が取得原価よりも下落している場合，この時価をもって貸借対照表価額とし，その取得原価とこの時価との差額（簿価切下額）は費用として処理する。ここでの時価は，売価（売却市場の時価）から見積追加製造原価・販売直接経費を控除した「正味売却価額」を用いる。

　通常の販売目的で保有する棚卸資産について，収益性の低下による簿価切下額は，通常，売上原価に含める。それが，棚卸資産の製造に関して不可避的に発生すると認められるときは製造原価として処理する。また，この簿価切下額が，臨時の事象（重要な事業部門の廃止・災害損失の発生）に起因し，かつ多額であるときには特別損失に計上し，この簿価切下額の戻入れを行ってはならない（棚卸資産会計基準17）。

　なお，トレーディング目的で保有する棚卸資産に係る損益は，原則として純額で売上高に表示する（同基準19）。

このように棚卸資産の評価に関しては，正味売却価額の下落による収益性の低下という観点から低価法が原則とされる。棚卸資産の場合，販売により投下資金の回収を図るため，正味売却価額が帳簿価額よりも低下しているときには，収益性が低下しているとみて，帳簿価額を正味売却価額まで切り下げることが他の会計基準－たとえば，後にみる「減損会計基準」－における考え方とも整合的であるという考えに基づくものである（同基準40）。

3　その他の流動資産

その他の流動資産は，当座資産・棚卸資産以外の流動資産である。これには①前払金（前渡金），②短期の前払費用，③繰延税金資産，④その他（1年以内で現金化できると認められるもの）等が含まれる。

前払金（前渡金）は商品や材料等の受入れに関する前払額である。前払費用は継続的に役務を受ける契約に基づき，いまだ受け入れていない役務に対して支払った前払額である（例，前払家賃）。

税効果会計の適用によって計上された繰延税金資産で1年以内に解消する繰延税金資産は流動資産に計上する。

その他としては，未収収益（継続的な役務提供契約により提供した役務の対価の未収額），短期貸付金（金融手形を含む），株主・役員・従業員に対する短期債権等があげられるが，その金額が重要なものについては当該科目をもって区分表示する必要がある。

なお，前払費用や未収収益は，継続的な役務契約に基づくものであり，負債の部における前受収益・未払費用とともに，経過勘定項目と称される。

受取手形，売掛金その他の債権の貸借対照表価額は，債権金額または取得価額から正常な貸倒見積高（貸倒引当金）を控除した金額とする。

Ⅲ　固定資産

1　有形固定資産とその取得原価

建物，構築物，機械装置，船舶，車両運搬具，工具器具備品，土地，建設仮

勘定等の資産は，長期にわたる使用を目的として所有される有形固定資産である。建設仮勘定は，建設中の建物・設備等について支出額等を一時的に記載しておく勘定であり，完成時には建物・機械装置等の該当する固定資産に振り替えられる。有形固定資産の取得原価には，原則として当該資産の引取費用等の付随費用も含まれる。

　有形固定資産の多くは，その使用あるいは時間の経過に伴って価値が減少する。このため，その取得原価を，定額法，定率法等の一定の減価償却方法によってその耐用期間にわたって配分する必要がある。減価償却を要する有形固定資産は，償却性資産と呼ばれる。償却性資産は，通常，その取得原価から減価償却累計額を控除した価額をもって貸借対照表価額とする。

　また，固定資産または固定資産のグループの収益性の低下によってその投資額の回収が見込まれなくなったときは，一定の条件下で，その資産の取得原価を回収可能価額まで減額し，減損損失を認識計上する，減損会計が適用される。

2　有形固定資産と費用配分―減価償却―

(1)　減価償却の目的と意義

　減価償却は，費用配分の原則に基づいて有形固定資産の取得原価を当該資産の耐用期間にわたり各事業年度に費用として配分することである。減価償却の最も重要な目的は，適正な費用配分を行うことによって，毎期の損益計算を正確ならしめることである。この他にも，減価償却には投下資本回収計算，当該固定資産の取替資金準備，自己金融等の目的（機能）を有する。

(2)　減価の発生原因と費用配分の基準

　償却性資産における減価の発生原因には，物理的原因と機能的原因とがあげられる。物理的原因は，使用や時の経過によって固定資産が摩滅損耗することによる。また，機能的減価は，物理的にはいまだ使用に耐えるが，技術革新や需要変化等の外的事情により固定資産が陳腐化あるいは不適応化することによるものである。

　このような減価の発生原因（物理的原因）と費用配分基準との関係についてみれば，減価が主として時の経過を原因として発生する場合には期間（年数）

を配分基準とし，また，減価が主として固定資産の使用に比例して発生する場合には生産高（ないし用役の提供度合）を基準として，それぞれ減価償却方法を選択するのが合理的である。なお，固定資産の費用配分に関しては，減価償却だけでなく，半発生主義に属する取替法の適用もまた認められている。

(3) 減価償却計算の前提と計算方法

　減価償却の計算にあたっては，①固定資産の取得原価の他に，②耐用年数あるいは総使用可能総量，③残存価額を予定する必要がある。減価償却の方法としては，①定額法，②定率法，③級数法，④生産高比例法が代表的である。

① 定額法…これは，固定資産の耐用期間中，毎期均等額の減価償却費を計上する方法である。

$$減価償却費 = \frac{(取得原価 - 残存価額)}{耐用年数(n)}$$

② 定率法…これは，固定資産の耐用期間中，毎期期首未償却残高（＝取得原価－減価償却累計額）に一定率を乗じて減価償却費を計上する方法である。

$$減価償却費 = 未償却残高 \times 定率(r)$$
$$定率(r) = 1 - \sqrt[n]{残存価額 \div 取得原価}$$

③ 級数法…これは，固定資産の耐用期間中，毎期一定の額を算術級数的に逓減した減価償却費を計上する方法である。たとえば，耐用年数5年の固定資産に関してはより具体的には，第1期の減価償却費は，1から耐用年数5までの算術級数の総和（1＋2＋…＋5＝15）を分母とし，残存耐用年数（第1期＝5，第2期＝4，…第5期＝1）を分子とする償却率を，取得原価から残存価額を控除した要償却額に乗じることによって算定される。

$$減価償却費 = (取得原価 - 残存価額) \times \frac{残存耐用年数}{(1+2+\cdots+n)}$$

　級数法では，毎期の減価償却は算術級数的に減少する。それは，定率法によるほどには急激ではないが，期間の経過につれて減少する点では類似している。

【設例】 ある設備の取得原価500,000円,残存価額50,000円,耐用年数5年である。この設備の減価償却費を(a)定額法,(b)定率法(定率 $r = 0.369$),(c)級数法によって計算し,その計算結果を比較しなさい(＊丸めの誤差は最終年度で調整する)。

(a) 定額法　毎期の減価償却費 $= (500,000 - 50,000) \div 5 = 90,000$ 円

(b) 定率法
　　第1期：　　　　　　　$500,000 \times 0.369 = 184,500$ 円
　　第2期：$(500,000 - 184,500) \times 0.369 = 116,419$ 円
　　第3期：$(500,000 - 300,919) \times 0.369 = 73,460$ 円
　　第4期：$(500,000 - 374,379) \times 0.369 = 46,354$ 円
　　第5期：$(500,000 - 420,733) \times 0.369 = \underline{29,267^*}$ 円
　　　　　　　　　　　　　　　　　　　　　　450,000円

(c) 級数法

この問題では耐用年数5年であるから,分母は15となり,分子は第1期 = 5,第2期 = 4,第5期 = 1となる。これより第1期の減価償却費は次のように計算される。

　$(500,000 - 50,000) \times 5 / 15 = 150,000$ 円

以下,同様にして,第2期 = 120,000円,第3期 = 90,000円,第4期 = 60,000円,第5期 = 30,000円となる。

(d) 結果の比較

以上の計算結果を一覧表示すれば次のように示される。

	第1期	第2期	第3期	第4期	第5期
定額法	90,000	90,000	90,000	90,000	90,000
定率法	184,500	116,419	73,460	46,354	29,267
級数法	150,000	120,000	90,000	60,000	30,000

また,これらの各計算に基づく減価償却費を図表表示すれば次のような費用曲線で示される。

| 図表6-1 | 減価償却費の費用曲線 |

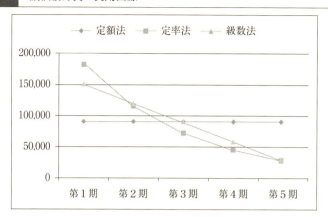

④ 生産高比例法……これは，固定資産の耐用期間中，毎期当該資産による生産または用役の提供の度合に比例して減価償却費を計上する方法である。

$$減価償却費 = (取得原価 - 残存価額) \times \frac{当期実際産出量}{予定総産出可能量}$$

生産高比例法の適用の要件としては，次の2つがあげられる。
(a) 当該固定資産の総使用可能量が物理的に確定できること
(b) その減価が主として固定資産の使用に比例して発生すること
　　生産高比例法が適用されうる資産としては，例えば次のものがある。
(a) 鉱業用固定資産
(b) 運転時間（距離）法が適用されうる航空機・自動車（バス，タクシー）等
(c) 無形固定資産たる鉱業権，採掘権，採取権等として示される鉱山業における埋蔵資源，森林資源等の減耗資産（減耗償却）

【設例】　取得原価500,000円，残存価額50,000円の鉱業用機械について，その耐用期間中の鉱山の総採掘量は2,000,000トンと予定されている。当期の実際採掘量は，400,000トンであった。当期の減価償却費を求めなさい。

当期の減価償却費は次のようになる。

(500,000円 − 50,000円) × 400,000 / 2,000,000 = 90,000円

(4) 総合償却

個別償却では，個々の資産単位について個別的に減価償却計算と記帳とがなされる。これに対して，全体資産あるいは資産のグループごとに減価償却を行う場合，総合償却と称される。

総合償却では，減価償却額は各資産の要償却合計額（＝取得原価合計額−残存価額合計額）を平均耐用年数で割ることによって算定される。全体資産あるいはグループ資産について平均耐用年数を求める必要がある。

減価償却費＝（取得原価合計額−残存価額合計額）÷平均耐用年数
平均耐用年数＝（取得原価合計額−残存価額合計額）÷年償却合計額

(5) 減価償却の記帳

減価償却の記帳法には，直接法と間接法とがある。直接法は，減価償却費を借方記入するとともに，同額を固定資産勘定の貸方へ記入し直接にその帳簿価額を減額する方法である。直接法は，無形固定資産や繰延資産に適用される。

間接法は，有形固定資産について，減価償却費を借方記入し，同額を減価償却累計額として貸方記入する。この方法では，固定資産の帳簿価額は直接減額されることなく，そのまま次期へ繰り越される。

【設例】 取得原価1,000千円，残存価額100千円，耐用年数4年である設備の減価償却費を定額法により計上した。処理を示しなさい。

有形固定資産である設備については間接法により処理する。（単位：千円）
（借） 減 価 償 却 費　　　225　　（貸） 減価償却累計額　　　225

(6) 貸借対照表上の表示方法と情報的意義

（間接法による場合の）減価償却（累計額）の貸借対照表上の表示に関しては，次のような方法が認められている。

① 貸借対照表本体表示方式
　(a) 科目別控除形式…有形固定資産が属する科目ごとに減価償却累計額を控除形式で表示する。
　(b) 一括控除形式…2つ以上の科目について，減価償却累計額を一括記載する。
② 注記方式
　有形固定資産について減価償却累計額控除後の残高のみを記載し，当該減価償却累計額はこれを注記する。これにも，(a)科目別注記形式と，(b)一括注記形式とがある。

　減価償却費は現金支出を要しない費用（非現金費用・非支出費用）であり，それは売上高からの回収額を意味する。それは，将来の取替（再建築）資金となるとともに，取替の時期までは企業が自由に使える資金（自己金融・内部財務）としてとらえられる。企業の経営者にとって，留保利益と減価償却費とはコストがかからずに自由に使用できる資金（キャッシュ・フロー）となる。

　減価償却費の間接法による記帳処理と表示は，固定資産の取得原価と減価償却累計額とから，投下資本の回収状態ならびに取替資金の準備状態を知り，未償却残高から未回収額（未費消原価）を知るのに役立つ。企業の財政状態をより明瞭に表示し，利害関係者のより適切な判断に役立つという観点からは，（重要な項目はとくに）科目別控除形式が望ましいとみられる。なお，無形固定資産や繰延資産に対して直接法が採用されるのは，これを取り替える必要がないことも1つの理由としてあげられるであろう。

3　無形固定資産

　無形固定資産は，有形固定資産のようにその存在を示す具体的可視的な財の形態を示さないが，長期にわたって企業に経済的な便益ないし法的な保護をもたらす資産である。これには，のれん（Goodwill）のように営業の取得によって獲得された超過収益力ないし経済的優位性の評価を示すものと，主として法律の保護によって長期間企業に経済的便益をもたらす，特許権，実用新案権等のような法律上の権利と，さらにソフトウェアとがあげられる。

(1) のれん

① 主観のれん

のれんは，本来，企業ないし特定営業単位の超過収益力を意味する。とくに，企業自身が自ら創り出した超過収益力は，「主観のれん」あるいは「自己創設のれん」といわれる。これは，当該営業単位の将来キャッシュ・フローの割引現在価値によって評価することが考えられる。しかし，現在のところ，このような主観のれん（自己創設のれん）の貸借対照表計上は認められない。

② 客観のれん

貸借対照表計上が認められるのはいわゆる有償で取得した事業等から生じるのれん，すなわち「客観のれん」とか「買入のれん」と呼ばれるものである。のれんは，有償で譲り受けあるいは合併等によって取得した事業の純資産時価評価額と取得の対価として支払った額（買取額）との差額である。その取得額が純資産評価額を超える場合の差額は正ののれんであり，借方資産に計上される。なお，のれんは一定の期間内（20年）で規則償却する。のれんの償却額は販売費及び一般管理費に含める。

これが逆の場合つまり事業をより割安で取得した場合，その差額は「負ののれん」となるが，こちらは即時償却つまりその期の特別利益にただちに計上（「負ののれん発生益」）する（財規84条，95条の2）。

【設例】 期首に資産合計1,000千円・負債合計600千円の企業を，500千円で取得し，小切手を振り出して支払った。また，期末には5年にわたって規則償却する。

〈期首〉　　　　　　　　　　　　　　　　　　　　　　（単位：千円）
　（借）諸　資　産　　1,000　　（貸）諸　負　債　　600
　　　　の　れ　ん　　　100　　　　　当　座　預　金　500
〈期末〉
　（借）のれん償却　　　 20　　（貸）の　れ　ん　　　20
のれん等の無形固定資産の償却については直接法で処理する。

(2) 法律上の権利

　無形固定資産に含まれる法律上の権利としては，いわゆる「工業所有権」と総称される特許権・実用新案権・商標権・意匠権や，借地権（地上権を含む），鉱業権，漁業権，水利権，版権，著作権等がある。これらの法律上の権利については，原則として一定の耐用期間にわたってその取得原価の全額を定額法によって償却する（残存価額はゼロ）。ただし，鉱業権については生産高比例法による償却が考えられる。

(3) ソフトウェア

　研究開発目的のソフトウェア制作費に関しては研究開発に該当する部分は発生時に費用処理する。研究開発目的以外で受注制作のソフトウェアについては請負工事の会計処理に準じて処理する。

　市場販売目的のソフトウェアに関しては，製品マスターの制作費のうち，研究開発費該当部分および機能維持に要した費用を除いた額を無形固定資産に計上する。自社使用のソフトウェアに関しては，将来の収益獲得あるいは費用削減が確実であると認められる場合に，将来収益との対応等の観点から，その取得に要した費用を無形固定資産に計上する。

　無形固定資産に計上したソフトウェアの取得原価は，当該ソフトウェアの性格に応じて，見込販売数量に基づく償却方法その他合理的な方法により償却する（研究開発費等会計基準3）。

4　投資その他の資産

　投資その他の資産には，投資有価証券，関係会社株式，関係会社社債，その他の関係会社有価証券，出資金，関係会社出資金，長期貸付金，株主・役員・従業員に対する長期貸付金，関係会社長期貸付金，破産更生債権等，長期前払費用，繰延税金資産，その他等が含まれる。

　ここで，関係会社は子会社と関連会社との総称である。流動資産に属しない有価証券のうち，関係会社有価証券（株式，社債，その他有価証券）を除いたものは投資有価証券として記載される。繰延税金資産は，税効果会計の適用によって生じ，長期の前払税金の効果を有する繰延法人税等である。

Ⅳ 繰延資産

1 繰延資産の性格

繰延資産は，すでに発生した費用であるが，その効果が将来の期間にわたって発現するものと期待されるがゆえに，その効果が及ぶ数期間に合理的に配分するため，経過的に貸借対照表に計上することが認められる。これには，現在，①創立費，②開業費，③株式交付費，④社債発行費等，⑤開発費があげられる。これらの繰延資産は何ら財産価値（担保価値ないし換金価値）を有しないため，債権者保護および保守主義の観点から一定の期間内に早期に償却することが求められる（「繰延資産実務対応」参照）。

2 繰延資産の償却

創立費・開業費は，会社成立あるいは開業のときから5年以内に定額法によって償却する。株式交付費は新株発行・自己株式処分のために直接支出した費用である。これは，株式交付のときから3年以内のその効果の及ぶ期間にわたって定額法によって償却する。

社債発行費等は，社債発行・新株予約権発行のために直接支出した費用である。社債発行にかかる費用に関しては社債の償還までの期間にわたり利息法により償却するが，定額法による償却も認められる（第12章参照）。新株予約権発行にかかる費用については，その発行のときから3年以内のその効果の及ぶ期間にわたって定額法によって償却する。

開発費は，新技術または新経営組織の採用，資源の開発，市場の開拓等のため支出した費用，生産能率の向上または生産計画の変更により，設備の大規模な配置替えを行った場合等の費用をいう。ただし経常費の性格をもつものは含まれない。開発費は，その支出のときから5年以内のその効果の及ぶ期間にわたって定額法その他の合理的な方法により償却する。

V　現代会計と資産計上項目の拡張

　伝統的会計では企業が所有する資産がおもに貸借対照表に計上されてきた。そこには，のれんや繰延資産のようにそれ自体売却価値（市場価値）をもたないけれど，企業にとっては用役潜在性ないし将来の経済的便益をもつものものも含まれる。これに対し，現代会計では，たとえばリース資産のように法的所有権をもたないけれど，企業が支配し将来の経済的便益を得ることができるような資産も貸借対照表に計上するようになった。したがって，現代会計では企業が所有しあるいは支配する資産が貸借対照表に計上されることとなった。

第7章
負債・純資産の会計

I　貸借対照表上の負債・純資産

　貸借対照表の貸方側は負債と純資産とからなる。負債は，第三者（債権者）からの企業資金の調達源泉を示すとともに，企業（実体）の現在の義務から生じる，将来における経済的負担ないし将来の経済的便益の犠牲である。
　純資産の部は，所有主からの企業資金の調達源泉を示すとともに，負債を差し引いた後に残っている資産の残余つまり残余持分ないし残余請求権を示す。
　この純資産の部に相当する区分は，伝統的会計では「資本の部」と呼ばれ，株主資本の中でも資本金，資本剰余金，利益剰余金からなっていた。それが，資本取引の拡大とともに自己株式まで拡張され，これにさらに特定資産に関する評価・換算差額等および新株予約権が加わったものである。

II　負債の会計

1　負債の分類

　負債は流動負債と固定負債とに区分される。そこには確定債務の他に見積項目たる（負債性）引当金が含まれる。
　流動負債に属する負債には，取引先との通常の商取引によって生じた支払手形，買掛金等の債務（いわゆる営業債務）と，期限が1年以内に到来する債務（短期営業外債務），通常1年以内に使用される見込みの引当金（短期の引当金）などが含まれる。また，固定負債には，社債，長期借入金等の長期債務と，通

常1年を超えて使用される見込みの引当金（長期の引当金）が含まれる。引当金には、貸倒引当金のような資産控除項目としての評価性引当金もあるが、負債の部には、負債性引当金が記載される。

2　流動負債

流動負債には、具体的には次のようなものがあげられる。

① 支払手形…通常の取引に基づいて発生した手形債務であり、仕入先との間に発生した営業取引に関する手形債務である。

② 買掛金…仕入先との通常の取引に基づいて発生した営業上の未払額である。役務の受入れによる営業上の未払額を含む。

③ 短期借入金…支払期日が1年以内に到来する借入金であり、金融手形（手形借入金）および当座借越も含まれる。

④ 未払金…買掛金以外の取引（営業取引・営業外取引）に関連して発生する短期の未払額である。

⑤ 未払費用…継続的な役務契約に基づき、すでに提供された役務に対する未払額である（例，未払賃金給料，未払利息，未払賃借料等）。

⑥ 前受金…受注工事や受注品等に対する前受額である。

⑦ 前受収益…継続的な役務契約に基づき、いまだ提供していない役務に対する前受額である（例，前受賃借料，前受手数料等）。

この他に、営業上の取引に関連して発生する短期の預り金、賞与引当金・工事補償引当金・修繕引当金のように通常1年以内に使用される見込みの引当金、短期の繰延税金負債、株主・役員・従業員からの短期借入金・預り金や未払法人税等も流動負債に計上される。

流動負債のうち重要でないものや、仮受金その他の未決算勘定であって貸借対照表日においてその具体的な勘定や金額の未確定なものは、その他の負債として計上することができる。また、デリバティブ取引等により生じる正味の債務等もその他の負債に含まれるが、金額的に重要なものについては当該債務等の内容を示す名称を付した科目をもって記載する。

3 固定負債

(1) 固定負債の種類

固定負債には，次のようなものが含まれる。
① 社債…企業が社債券を発行することによる借入債務である。
② 長期借入金…ここには長期の金融手形も含まれる。ただし，株主，役員，従業員または関係会社からの長期借入金はここに含まれず，その他の負債に含めるかまたは区分表示する。
③ 引当金…退職給付引当金，特別修繕引当金のように，通常1年を超えて使用される見込みのもの。
④ 繰延税金負債…長期にわたる繰延税金負債は固定負債に属する。固定資産としての繰延税金資産と相殺して繰延税金負債が大きい場合に計上される。

(2) 社債の処理

① 社債とその発行

社債は，株式とならぶ企業の証券資本調達の重要な手段である。株式は企業が株主から調達する株主資本（自己資本，純資産）であるのに対し，社債は企業が社債券の発行により社債権者から調達し，償還期限には返済する借入資本（他人資本，負債）である。社債はその償還期限内に毎期一定の社債利息が支払われる。株式の場合，配当は毎回一定ではないし，支払われないこと（無配）もある。

社債の発行にあたっては，その発行価額が額面額を上回る場合（打歩発行），両者一致する場合（平価発行），発行価額が額面額を下回る場合（割引発行）が考えられる。わが国では割引発行が一般的である。

社債を額面額よりも低い価額で発行した場合，その社債発行価額を貸借対照表価額とし，償還期限にわたって毎決算期にその貸借対照表価額を増額する（借方には社債利息（支払利息）計上）。社債の額面金額と発行価額との差額が金利の調整と認められる場合は利息法を適用する。

② 社債の償還

社債償還の方法に関しては，(1)満期償還（定時償還），(2)抽選償還，(3)買入償還がある。買入償還のようにその買入価額と額面金額との間に差があるときは，その差額につき社債償還損益が生ずる。抽選償還の場合に額面金額で償還するときは，額面額と償却原価との差額分（および社債発行費の未償却分）が社債償還損となる。

③ 新株予約権付社債

社債に関しては，一般の社債（普通社債）の他に新株予約権付社債がある。新株予約権付社債は，新株予約権を行使するときは必ず社債償還額が株式の払込金額に充当される社債である。新株予約権付社債は，権利の行使があったとき，資本金と株式払込剰余金（非組入額）に振り替えられる。

新株予約権付社債の発行時の処理にあたり，社債の対価部分と新株予約権の対価部分とに区分する場合，社債の対価部分は普通社債の発行に準じて処理する。新株予約権の対価部分は，純資産の部に計上し，権利が行使されたときは，株主資本（資本金・株式払込剰余金）に振り替え，行使されずに権利行使期限が到来したときは特別利益（新株予約権戻入益）として処理する。

4　引当金

(1) 引当金とその設定要件

引当金は，適正な期間損益計算のため，費用（収益控除を含む）または損失を見積計上するために設定される貸方項目（資産控除項目および負債項目）である。引当金は次の要件を充足する場合に計上される（企業会計原則注解・注18）。

① 将来の特定の費用または損失であること
② その発生が当期以前の事象に起因すること
③ その発生の可能性が高いこと
④ その金額を合理的に見積ることができること

(2) 引当金の分類

引当金は，貸借対照表の観点から次のように分類される。

① 評価性引当金（資産控除項目）－貸倒引当金
② 負債性引当金（負債の部に計上）
　(a) 条件付債務としての引当金（債務性のある引当金）
　　　製品保証引当金，工事補償引当金，賞与引当金，退職給付引当金，返品調整引当金，売上割戻引当金，景品費引当金，債務保証損失引当金
　(b) 債務性のない引当金
　　　修繕引当金，特別修繕引当金，損害補償損失引当金

条件付債務としての性格を有する退職給付引当金，製品保証引当金，返品調整引当金等はとくに引当金に関する規定が存在しなくても貸借対照表の負債として記載されうる。これに対し，債務性のない引当金は，かつて旧商法（旧商法施行規則第43条）により「特定の支出または損失に備えるための引当金」として，債務性がないつまり条件付債務ではないが，負債の部に計上することが認められていた。このような会計慣行を斟酌して現在も負債計上が認められるものである。

(3) **各種引当金**

代表的な引当金について以下に若干説明しておこう。
① 貸倒引当金…売掛金，受取手形等の営業債権の貸倒見積額に係る引当金と，貸付金等の営業外債権について貸倒れの可能性の高いものに係る引当金とが区別される。これらは，流動資産あるいは投資その他の資産において資産控除項目として扱われる。
② 製品保証引当金…製品保証付きで販売された製品の保証期間内に予想される無償補修・修繕の見積計上に係る引当金
③ 工事補償引当金…当期に完成し引き渡された請負工事に関する保証契約に基づき，工事の欠陥等による無償補修・修繕の見積計上に係る引当金
④ 賞与引当金，退職給付引当金…労働協約等によって従業員に対して支給される賞与，退職給付（退職一時金，退職年金等）費用の見積計上に係る引当金
⑤ 返品調整引当金…書籍等の返品率の高い商品の買戻しの約定に基づき，当期の売上高に対して予想される返品高の見積計上に係る引当金

⑥　景品費引当金，ポイント引当金…景品付き販売の約定，有効期限内に指定店等でポイントを無償で使用できる約定に基づき，当期の売上高に対して予想される景品費，ポイント使用高の見積計上に係る引当金

⑦　修繕引当金…企業が固定資産について経常的に行う当期修繕の未済分についての見積計上に係る引当金

⑧　特別修繕引当金…大型船舶や溶鉱炉等の数年に一度実施される大規模修繕に対する当期負担分の見積計上に係る引当金

⑨　債務保証損失引当金…企業の行った債務保証についてその保証責任を履行する可能性が高いものに係る引当金

⑩　損害補償損失引当金…企業の営業活動に関連して他者に与えた損害について，それを補償する責任を負う可能性が高い場合に，その要賠償見積額に係る引当金

5　特別法上の準備金

　法律上強制あるいは許容される積立金は，通常，準備金と称される。会社法上の準備金たる資本準備金，利益準備金は，純資産の部に記載される。法律上の準備金としてはさらに，特別法上の準備金と税法（租税特別措置法）上の準備金とがあげられる。

　特別法上の準備金は，会社法・税法以外の事業法たる特別法の規定によって，貸借対照表の負債の部に記載することが強制される準備金である。これには，たとえば渇水準備金（電気事業法），商品取引責任準備金（商品先物取引法）・価格変動準備金（保険業法）等があげられる。

　なお，会社法以外の法令の規定により準備金または引当金の名称をもって計上しなければならない準備金または引当金であって，資産の部または負債の部に計上することが適当でないものは，固定負債の次に別の区分（「特別法上の準備金（または引当金）」）を設けて表示しなければならない（財規54条の3）。

6　偶発債務

　偶発債務とは，債務の保証（債務の保証と同等の効果を有するものを含む），係争事件に係る賠償義務その他現実に発生していない債務で将来において事業の

負担となる可能性のあるものをいう。偶発債務で，その発生の可能性が高くかつ他の引当金の計上要件を充たすものについては，貸借対照表の負債の部に記載する。それ以外の重要な偶発債務については注記が求められる。ただし，重要性の乏しいものについては，注記を省略することができる。

また，求償権を生ずるおそれのある割引手形や裏書手形については，対照勘定による処理（義務および義務見返勘定）がなされる。

Ⅲ　株主資本の会計

1　純資産の部

純資産の部は，前にみてきたように3つの項目に大きく区分される
　　Ⅰ　株主資本
　　Ⅱ　評価・換算差額等
　　Ⅲ　新株予約権
純資産の部には，現行株主の持分（株主資本）や将来株主の存在を示すもの（新株予約権）とともに，特定資産について企業の保有利得・保有損失（評価・換算差額）も含まれる。それは，総体として，広い意味での企業体持分を示すものとみることができる。

2　株主資本の分類

株主資本には，おもに次のものが記載される。
　1．資本金
　2．資本剰余金
　　(1)　資本準備金（例 ‐ 株式払込剰余金，合併差益，その他）
　　(2)　その他資本剰余金（資本金及び資本準備金減少差益，自己株式処分差益等）
　3．利益剰余金
　　(1)　利益準備金
　　(2)　その他利益剰余金

① 各種積立金
② 繰越利益剰余金
4. 自己株式

　資本剰余金および利益剰余金の中でも，法がとくに定める剰余金部分は，資本準備金および利益準備金と称される。したがって，資本剰余金はさらに資本準備金とその他資本剰余金とに区分され，利益剰余金はさらに利益準備金とその他利益剰余金とに区分される。

3　資本金と資本剰余金

(1)　資本金と資本準備金（株式払込剰余金）

　株式会社の資本金の額は，原則として，設立または株式の発行に際して株主となる者が当該株式会社に対して払い込み，または給付した財産の額としてとらえられる。しかし，その払込みまたは給付に係る額の2分の1を超えない額は資本金に組み入れないことができる。資本金に組み入れない額は，資本準備金（株式払込剰余金）として処理する。

(2)　資本準備金の内容

　資本準備金は，資本剰余金のうち法の規定によって積み立てられたものである。これには，次のようなものが含まれる。

① 払込資本のうち資本金に組み入れられなかった部分（株式払込剰余金）
② 企業結合・会社分割等により受け入れた純資産額が資本組入額・増加額を超過する額（合併差益，株式交換差益，株式移転差益，会社分割差益）
③ その他資本剰余金による配当を行った場合の要積立額

(3)　合併等の企業結合・会社分割と資本準備金

　合併等の企業結合や会社分割によって受け入れた純資産に対して，株式を交付する場合，純資産が資本金組入額（増加額）を超過する額は資本準備金に含まれる。

① 合併差益…吸収合併や新設合併にあたり，被合併会社から承継した純資産の額が，その被合併会社の株主に対し交付した株式の額（および交付金

額）を超過する額である。
② 株式交換差益…「既存」の会社が子会社株式を100％所有する完全親会社となるために，子会社株主の株式を自社の株式（自己株式）と交換する場合に，完全子会社となる会社から引き継いだ純資産額が完全親会社の資本金組入額（および代用交付した自己株式額）を超過する額である。
③ 株式移転差益…完全親会社を設立するために，完全子会社となる会社の株主に対して，「新設」親会社の発行する株式を割り当てる場合に，完全子会社となる会社の純資産額が新設完全親会社の資本金組入額を超過する額である。
④ 会社分割差益…その営業の全部または一部を新設会社に承継させる新設分割や，既存の他の会社に承継させる吸収分割にあたり，承継する純資産が承継会社の資本金増加額を超過する額である。

(4) その他資本剰余金

その他資本剰余金は，資本準備金以外の資本剰余金をいう。これには，資本金及び資本準備金減少差益，自己株式処分益等が含まれる。

4 利益剰余金

利益剰余金は，毎期の利益のなかから企業に留保されたものである。利益準備金は，このような利益剰余金のうち，会社法の規定によって強制的に積み立てられたものである。利益準備金以外の利益剰余金はその他利益剰余金となるが，これはさらに任意積立金と繰越利益剰余金とに区分される。

(1) 利益準備金

資本準備金の額と併せて資本金の4分の1に達するまで，剰余金の配当によって減少する剰余金の金額の10分の1以上を資本準備金または利益準備金として積み立てることが強制される。その場合に，利益準備金はその他利益剰余金による配当を基礎として積み立てられる。この利益準備金は，おもに債権者保護のために法的に積立てが強制されてきたものである。

(2) その他利益剰余金
① 任意積立金

　任意積立金は，定款の規定，契約条項や株主総会の決議に基づいて，利益の中から任意に積み立てられた利益留保項目である。これにはたとえば，減債積立金，新築積立金，事業拡張積立金，欠損填補積立金等のような特定目的を課せられた積立金の他に，特定目的を課せられない別途積立金も含まれる。これら任意積立金に属する剰余金については，それぞれ当該積立金の設定目的を示す名称を付した科目をもって掲記する。

　ところで，特定目的の積立金のうち，減債積立金，新築積立金，事業拡張積立金等は，その目的達成後に取り崩され，再び剰余金処分等の財源となる。欠損填補積立金，配当平均積立金は，それぞれ欠損填補や株主への配当に充当するために取り崩された段階で消滅する。

② 繰越利益剰余金

　繰越利益剰余金は，基本的には，当期純利益と前期繰越利益剰余金とからなるが，任意積立金取崩額等もここに含まれる。さらに剰余金の配当に伴う利益準備金要積立額は，通常その他利益剰余金のうち，この繰越利益剰余金から振り替えられる。また，利益準備金を取り崩して剰余金処分の財源とする場合には，繰越利益剰余金に加算される。

5 資本金・準備金の増加・減少

(1) 資本金の増加（増資）等

　資本金の増加つまり増資には，新株発行による資本金の増加と同時に純資産の増加を伴う実質的増資の他に，純資産の増加を伴わない形式的増資がある。

　実質的増資には，払込みによる新株発行，新株予約権付社債の権利行使や合併による新株発行などがあげられる。形式的増資としては，準備金（資本準備金）を資本金に組み入れる場合や，その他資本剰余金を資本金に組み入れる場合があげられる。

(2) 資本金の額の減少（減資）等

　他方，資本金を減少させるときは減資と呼ばれる。減資にも，純資産の減少を伴う実質的減資と，純資産の減少を伴わない形式的減資とがある。たとえば，事業縮小のために資本金組入額の一部を株主に払い戻し，あるいは発行済株式（自己株式）を買い戻し消却する場合，実質的減資となる。欠損金の填補のために株式を併合する場合，減資によって純資産は減少せず，形式的減資となる。減資は，極言すれば資本金０円まで減資することが認められるが，資本金の額を超えて行うことができない。なお，減資の場合の，準備金・剰余金への振替は，資本準備金とその他資本剰余金に対してのみ認められ，利益準備金およびその他利益剰余金への振替は認められない。

　減資によって減少した資本金および資本準備金の額が，株式の消却・払戻しに要した金額（実質的減資）および欠損の填補に充てた金額（形式的減資）を超えるその超過額は，「資本金及び資本準備金減少差益」あるいはそれぞれ「資本金減少差益」と「資本準備金減少差益」とに区分処理される。

(3) 準備金の額の増加・減少

　剰余金の額を減少して準備金を増加させる場合，その他資本剰余金の減少は資本準備金の増加に限られ，その他利益剰余金の減少は利益準備金の増加に限って認められる。逆に，準備金を剰余金に振り替える場合，資本準備金はその他資本剰余金へ，利益準備金はその他利益剰余金へ振り替えることが認められる。

6　その他資本剰余金と自己株式の処分

　資本金及び資本準備金減少差益は，元来，株式によって払い込まれた資本の一部であり，減資後も資本の一部として取り扱うことが必要であるため，その他資本剰余金に含まれる。

　株主資本の区分はかつて伝統的会計における資本の部に相応する。ただし，かつての資本の部では自己株式の保有は認められず，即時消却が求められた。自己株式は，発行済株式の一部を再取得することにより生ずる株式であり，その取得は一種の減資と同じ効果を伴う。自己株式の処分（売却）は，払込資本

の増加と同様の効果を有する。したがって，自己株式処分益は，株式払込剰余金と同様の効果をもつものとして，その他資本剰余金に含まれる。

自己株式処分損や自己株式の消却は，その他資本剰余金から減額する。それが，その他資本剰余金の残高を超える場合（負の残高），その負の残高はその他利益剰余金（繰越利益剰余金）から減額する。

資本剰余金の利益剰余金への振替は原則として認められない。ただし，利益剰余金が負の残高のときにその他資本剰余金で補填することは認められる。それは，資本剰余金と利益剰余金との混同にあたらないと考えられる（自己株式等会計基準4～19, 61）。

7　剰余金の配当

(1)　株主に対する剰余金の配当と配当禁止

株式会社はその株主（当該株式会社を除く）に対し，剰余金の配当をすることができる。その場合の剰余金は，期末剰余金に期末日後の剰余金を反映させて算定した額である。この剰余金の配当には，金銭による配当だけでなく，金銭以外の現物（財産）による配当も含まれる。また，分配可能額の範囲内で剰余金の配当を行う限り，その回数に制限なく行うことができる。

ただし，株式会社の純資産額が300万円を下回る場合には配当することはできない（会社法第458条）。

(2)　剰余金の配当に伴う準備金要積立額

剰余金の配当にあたっては，当該剰余金の配当により減少する剰余金の額（＝配当財産簿価総額＋金銭分配・支払合計額）に10分の1を乗じて得た額を準備金（資本準備金または利益準備金）として計上しなければならない（会社法第445条4項）。

剰余金配当後の資本準備金・利益準備金の要積立額に関しては，

①　剰余金配当の日における準備金が基準資本金額（資本金額の4分の1）以上である場合，積立ては必要ない（すなわち0）。

②　剰余金配当の日における準備金が基準資本金額未満の場合，次の［A］，［B］のいずれか低い金額に，資本剰余金と利益剰余金との配当割合を乗

じて要積立額を求める。
　［A］＝配当日における準備金計上限度額（＝基準資本金額－準備金額）
　［B］＝期末日後の剰余金配当額×1／10

(3) 剰余金の額

　ここにいう剰余金の額とは，期末の剰余金だけでなく，さらに期末日後の剰余金の額を意味する。これは，剰余金の分配（配当）に関して，分配可能額の範囲内で期中に何回でも行うことができるため，期末の剰余金だけでなく，期末日後の剰余金について算定する必要があるからである。これより，次の関係が示される。
　①　期末剰余金＝その他資本剰余金＋その他利益剰余金
　②　剰余金の額＝期末剰余金＋期末日後の剰余金
　期末剰余金から期末日後の剰余金を加減して剰余金の額が算定される。そのような剰余金の額に基づいて，資本金額・準備金額の増加，損失処理，配当等が行われる。

Ⅳ　評価・換算差額等および新株予約権

　純資産の部には，上記の株主資本のほかに，評価・換算差額等と新株予約権とが記載される（財規第67条）。

1　評価・換算差額等

　評価・換算差額等には，その他有価証券評価差額金，繰延ヘッジ損益，土地再評価差額金等があげられる。
　①　その他有価証券評価差額金…純資産の部に計上されるその他有価証券の評価差額
　②　繰延ヘッジ損益…ヘッジ対象に係る損益が認識されるまで繰り延べられるヘッジ手段に係る損益または時価評価差額
　③　土地再評価差額金…土地再評価法による土地再評価差額金

2　新株予約権

　新株予約権は，予約権者がその権利を行使したときに，会社が約定に従って新株を発行するか自己株式を移転する契約である。新株予約権は単独で発行することもできるし，新株予約権付社債として発行することもできる。新株予約権の行使があったとき，資本金あるいは資本剰余金（株式払込剰余金）に振り替えられる。権利行使期限が過ぎても権利が行使されなかったとき，その新株予約権は特別利益（新株予約権戻入益）として処理される。

第8章
財務諸表の基本原則

I 財務諸表の基本原則

　伝統的会計において中核的な役割を果たしてきた企業会計原則は，損益計算書および貸借対照表という2つの基本財務諸表に共通する一般的指針ないし基本的要請となる一般原則と，損益計算書および貸借対照表に関する個別原則ならびにこれらの注解とからなる。その後，会計基準の国際的調和化から国際的な統一化ないし収斂（コンバージェンス）の動きとともに，新たな会計基準が企業会計基準委員会によって設定・公表されてきた。

　それとともに，企業会計基準委員会によって設定された会計基準は企業会計原則よりも優先されることとなった。その半面，企業会計基準と重複しない原則・手続・方法はそのまま踏襲される。その意味では企業会計原則は，企業会計基準に抵触しないところでは依然有効である。また，企業会計基準によって部分的に修正された原則もある。このような観点から，損益計算書と貸借対照表に関する有効な基本原則について以下に検討しておこう。

II 損益計算書の基本原則

　損益計算書に関する基本的な原則としては次のものがあげられるであろう。

1 損益計算書完全性（網羅性）の原則と費用収益対応の原則

(1) 損益計算書完全性（網羅性）の原則
　損益計算にあたってすべての収益とすべての費用とをもれなく網羅しなけれ

ばならない。ただし，重要性の乏しい項目についてはこれを簡便な会計処理により計上しないでおくことも認められる。その意味で，この原則は絶対的完全性ではなく，相対的完全性としてとらえられる。

(2) 費用収益対応の原則

費用収益対応の原則は，損益計算にあたりそのような費用および収益を対応計算することを求める原則である。費用収益が因果関係によって対応されうるか否かにより，因果対応と単純対応とに区別されうる。また，費用収益が個別的に対応されるかあるいは期間的に一括して対応されるかにより，個別対応と期間対応とが区別される。営業損益の計算では，営業収益と営業費用との期間的な因果対応がなされる。営業外収益と営業外費用との間には，直接的な因果関係を見いだすことが困難なため，期間的単純対応としてとらえられる。

2 費用・収益の認識

(1) 費用・収益の認識と発生主義

発生主義の原則は，すべての費用および収益をその発生した期間に正しく割り当てられるよう処理しなければならないことを要求する。発生主義は，費用および収益をその経済価値の費消（減少）および増加の事実が発生した時点において認識計上するといういわゆる認識に関する原則である。

(2) 収益の認識と実現主義の原則

発生主義の原則にもかかわらず，収益の認識に関しては原則として未実現収益の計上が禁止され，実現主義が適用される。実現主義はまた，販売により給付（有形・無形の財）が外部へ提供され，その対価の受取が確実となった時点で収益を認識計上するところから販売基準とも呼ばれる。他方，収益認識における発生主義は，生産に伴う経済価値増加の時点で収益を認識計上するところから生産基準とも称される。

3 費用・収益の測定と収支主義(収支的評価)の原則

すべての費用および収益の測定にあたっては，その支出および収入を基礎と

する。これは，収支主義の原則，収支的評価の原則あるいは収支基準とも呼ばれる。これは，費用の測定にあたっては支出の額および将来の支出予定額を基礎とし，収益の測定にあたっては収入の額および将来の収入予定額を基礎として計上することを要求するものである。

4　費用・収益の分類と費用収益対応表示の原則

(1)　費用の発生源泉別分類

　費用は，まずその発生源泉に従って明瞭に分類することが求められる。発生源泉別分類によるときは，費用は，ヒト・モノ・カネという経営の3要素に基づいて，人の労働用役の消費に関する人件費，有形の財の消費に関する物件費，企業外部からの無形の役務の購入消費による購入役務費（外部用役費）に大別され，これがさらに細分類される。原価計算における形態別分類では，製造費用は材料費・労務費・経費に大別され，これがさらに細分される。ただし，経費には材料費および労務費的な要素も含まれることがあり，購入役務費よりも複合的な性格をもつとみられる。発生源泉別分類は，性質別分類，要素別分類あるいは形態別分類とも呼ばれる。

(2)　収益・費用の機能別分類

　収益は，ヒト，モノ，カネといった経営の3要素について発生源泉別に分類することは難しい。収益はむしろ経営活動の機能的結合によってもたらされるので，通常，機能別分類に基づいて営業収益と営業外収益とに分類される。

　損益計算書の表示にあたっては，費用および収益は機能別に分類・表示される。より具体的には，損益計算書における売上高（営業収益），売上原価（商品仕入原価，製品製造原価），販売費・一般管理費，営業外収益（財務収益），営業外費用（財務費用）という区分は，機能別分類に基づくものということができる。

(3)　費用収益対応表示の原則

　費用収益対応表示の原則は，企業の各種利害関係者（情報利用者）が経営成績に関する判断をより適切になしうるように，発生源泉別分類に基づいて分類

された費用を，さらに機能別分類に従って収益と明瞭に対応表示することを要求する原則としてとらえられる。

5 総額表示と純額表示

(1) 総額表示の原則

総額主義は，費用の項目と収益の項目とを相殺せずに総額で表示することを要求する原則であり，相殺禁止の原則ともいわれる。損益計算書における総額表示の例としては次のものがあげられる。

① 売上原価の算定表示
② 支払利息等と受取利息等との相殺禁止

(2) 純額表示

近年金融商品取引が増加している。さまざまの頻繁に行われる金融商品取引等についてこれを総額表示すると膨大な金融収益・金融費用の額が計上されることがある。このような金融収益・金融費用を総額で表示するならば，異常に巨額の金額となり，情報利用者の判断を誤らせる可能性が高くなるときがある。このようなときは，むしろ純額表示が求められる。

6 費用配分の原則

費用配分の原則は，資産の取得原価を資産の種類に応じた費用配分方法によって当該期間の費用と次期以降の費用（資産の繰越原価）とに配分することを要求する。その場合に，固定資産は，一定の減価償却の方法によって当期の減価償却費と次期以降の費用とに配分する。商品・製品などの棚卸資産は，個別法，先入先出法，平均原価法（移動平均法・総平均法）等の費用配分の方法によって当該期間の費用と次期以降の費用とに配分する。

費用配分の原則は，これを広く解するときは，発生主義に基づいて認識される費用（発生費用）を一定の基準によって発生した期間の費用に割り当てることを要求する会計処理の原則としてとらえられる。

Ⅲ　貸借対照表の基本原則

　ここでは，貸借対照表の基本原則について，現代会計における資産負債アプローチに基づく変化を織り込みながら以下に検討していこう。

1　誘導法と貸借対照表完全性（網羅性）の原則

　貸借対照表完全性の原則は，企業の財政状態表示目的のもとに，企業のすべての資産・負債・純資産（資本）をもれなく記載することを求め，網羅性の原則とも呼ばれる。

　資産，負債，純資産の中のいかなる項目を欠いても企業資金の調達源泉とその運用形態とは明瞭に示されない。それゆえ，完全性の原則は企業の財政状態の表示のために不可欠の原則である。それはまた，正規の簿記の原則における取引記録の網羅性とも密接にかかわるものと考えられる。

　ただし，重要性の乏しい項目については簡便な会計処理が認められる。このような重要性の原則に基づく簡便な会計処理は，正規の簿記の原則に反しないものと認められている。その意味において貸借対照表完全性は，絶対的な完全性ではなく，相対的完全性としてとらえられる。

2　貸借対照表における認識・測定・分類

　このような完全性の原則のもとに，貸借対照表の認識・測定・分類に関する諸原則・諸基準が展開される。

　会計上の認識は，一般的には会計記録を行うべき会計的事実かどうかを判断することを意味する。貸借対照表における認識としては，より具体的には，その会計的事実が貸借対照表計上能力があるかどうかという，貸借対照表（計上）能力の原則がこれにかかわる。

　会計上の測定は，一般的には対象に数をあてはめることを意味する。貸借対照表における測定としては，より具体的には，貸借対照表計上価額をいかに決定するかという，貸借対照表評価の原則がこれにかかわる。分類に関しては，一般的にはクラス分けすることを意味するが，より具体的には，貸借対照表の

区分・配列・表示の原則がこれにかかわる。

3　貸借対照表分類と区分・配列・表示の原則

(1)　貸借対照表の区分

　貸借対照表においては，借方側資産の部と，貸方側負債の部および純資産の部とに大きく区分される。そして，借方側資産の部はさらに流動資産，固定資産および繰延資産に区分される。貸方側負債の部はさらに流動負債と固定負債とに区分される。資産および負債に関しては，流動・固定の区分が重視される。

(2)　流動・固定を区分する基準

　流動資産と固定資産，流動負債と固定負債を区分する基準については，営業循環基準と1年基準（ワンイヤー・ルール）とがあげられる。
　ここではまず営業循環基準に基づいて，営業循環過程内にある資産・負債はこれを流動資産・流動負債としてとらえられる。これにより，製造販売に長期間を要するような製品等を棚卸資産に計上することが可能となる。そして，営業循環基準によって流動資産・流動負債に含まれなかった資産・負債については，さらに1年基準の適用を受ける。1年以内に入金または支払期限の到来するものは流動資産・流動負債とされ，1年を超えて現金化するものは固定資産・固定負債としてとらえられることとなる。

(3)　流動性配列法・固定性配列法

　資産および負債の項目の配列は，原則として資産および負債の項目を流動性の高い順，すなわち現金化が容易な順に配列する流動性配列法による。これにより，短期的に返済を要する金額（流動負債）と短期的に支払手段化（流動化）しうる資産（流動資産）との比較対応が容易となり，企業の財政状態とくに支払能力の判断に役立つとみられる。
　このような流動性配列法に対し，固定性配列法は，固定資産，固定負債の存在をより重視するものであり，どちらかといえば企業の担保能力さらには企業の財産状態の表示を重視するものとみられる。

(4) 総額表示と純額表示

　この原則は，企業の利害関係者が企業の財務内容に関する判断を誤らせることのないよう，貸借対照表における資産・負債・純資産はこれを総額によって記載し，資産の項目と負債または純資産の項目とを相殺することを禁止するものである。総額表示・相殺禁止の具体的な例としては，次のようなものがあげられるであろう。

　① 貸倒引当金・減価償却累計額の控除形式による表示
　② 受取手形と支払手形，売掛金と買掛金の相殺禁止

　ところで，金融関連的な取引に関しては，最終的な取引結果のみ純額で表示することがある。また，税効果会計における繰延税金資産と繰延税金負債とは，流動資産または流動負債として，あるいは投資その他の資産または固定負債としてそれぞれ差額（純額）のみを表示することが求められる。

4　貸借対照表能力の原則

　ある項目が貸借対照表に計上される適性ないし資格を有するとき貸借対照表（計上）能力が認められる。財産貸借対照表では財産価値つまり売却価値ないし換金価値をもつものが貸借対照表能力を認められた。これに対し，決算貸借対照表においては，繰延資産や前払費用は，通常，売却価値を有しないにもかかわらず，将来の経済的便益を有するものについて貸借対照表能力が認められる。繰延資産は，売却価値ないし換金価値をもたないが，その効果が将来にわたって発現するものと期待されるものであり，同様に将来の経済的便益をもつものとしてとらえられる。

　これに相応して，負債および純資産もまた，このような将来の経済的便益をもつ資産に対する将来の負担（犠牲）ないし価値拘束を示すものということができる。それとともに，負債には，将来返済すべきことが確定している債務だけでなく，将来の資産の減少が確実に予想されるような費用の見積計上に伴う引当金等も貸借対照表能力が認められる。

5 貸借対照表評価の原則

(1) 取得原価主義（取得原価基準）

伝統的会計では，資産の評価・測定にあたり取得原価主義を原則としてきた。このような取得原価主義は，おもに将来費用となる資産（費用性資産）に適用される。そこでは，費用と同様，支出額または支出予定額を基礎として測定され，これがその資産の取得原価として計上される。

営業収益の認識にあたっては実現主義が原則として採用される。それとともに，将来収益となる商品，製品，半製品，仕掛品等の資産（収益性資産）については，それが販売によって実現するまでは，原則として，売価ではなく取得原価によって測定される。

現代会計においても，基本的には，取得原価基準が多くの領域で適用される。なお，棚卸資産に関しては，時価が取得原価よりも下落した場合には時価を採用する低価法が適用される。固定資産に関しても，時価の下落により回収可能でない価値下落が生じた場合には，その回収可能な額まで減額され，その減額分は減損として処理される。このような減損処理は，ある意味において，資産の回収可能な有効原価を算定表示するものということができるであろう。

(2) 時価基準の展開

現代会計では，特定の資産，たとえば売買目的有価証券やその他有価証券に関しては時価とくに公正な市場価格に基づいて評価することが求められる。現代会計における「時価」は，公正な評価額を意味し，市場価格に基づく価額が中心となる。市場価格が観察可能でない場合には合理的に算定された価額を公正な評価額とする。このような公正な評価額はまた，公正価値とも称される。金融商品に関しては時価（公正価値）評価が重視される傾向にある。

このような時価評価にあたっては，まず「正味売却価額」が考慮される。この正味売却価額とは売価から見積追加費用（事後費用・アフターコスト）を控除した額であり，従来，正味実現可能価額と呼ばれていた。購買市場と売却市場とが区別される場合には，売価は売却市場の時価（出口価格）を意味する。購買市場の時価（入口価格）に購入付随費用を加算したものは「再調達原価」と

呼ばれる。再調達原価は同一財を再調達する場合の時価（購入市場価格）である。ところが技術革新等によって同一財がもはや再調達できない場合，同一の機能を果たす財の時価を用いることがある。これは「取替原価」あるいは「カレント・コスト」と称される。

さらには，長期間使用する固定資産等の使用価値や将来返済を要する負債の現在価値の計算にあたっては，将来キャッシュ・フロー（将来現金収支）の割引による現在価値が考慮されることがある。将来キャッシュ・フローの割引による現在価値は，次のように示される。

$$PV = \frac{R_1}{(1+i)} + \frac{R_2}{(1+i)^2} + \cdots + \frac{R_n}{(1+i)^n}$$

PV；将来キャッシュ・フローの割引現在価値
Rt；第 t 期のキャッシュ・フロー（t=1, 2, …, n）
i；割引利子率

このような将来キャッシュ・フローの割引による現在価値も（広い意味における）時価に含まれる。現在価値基準は，管理会計とくに投資決定，長期プロジェクト計画等において積極的に適用されてきた。現在ではとくにリース資産・負債，年金負債（退職給付債務等），金融商品の評価，固定資産の減損さらには資産除去債務等の処理にあたり，その適用が見いだされる。

(3) 混合測定と公正価値測定

上述のように現代会計では取得原価だけでなく，時価（正味売却価額・再調達原価・取替原価）さらには現在価値などが，測定にあたり用いられるようになった。このように，異なる測定基準を混合的に使用して測定することを混合測定という。現代の制度会計では，取得原価を原則としながらも，新しい会計領域に関してはむしろ時価や現在価値が適用されることが多い。その意味において，原則としては取得原価が採用されるが，かつての取得原価主義とは異なり，混合測定のもとで取得原価が原則として位置づけられるにとどまるといってよいであろう。

後にみるように IFRS 会計では，公正価値測定がさらに拡充・強化されて，

従来の混合測定とは異なる観点から会計測定が展開される傾向がみられる。このような公正価値測定に関しては後に検討する。

6 費用配分の原則

　資産の取得原価ないし貸借対照表価額は，一定の費用配分の方法によって，当該期間の費用と次期以降の費用たる資産の繰越原価とに配分される。その場合，有形・無形の固定資産の貸借対照表価額は，一定の減価償却の方法によって当期の減価償却費と次期以降の費用（繰越原価）とに配分される。また，繰延資産も減価償却の方法に準じて償却額と資産原価とが配分される。商品・製品などの棚卸資産は，取得価額（仕入価額）が変動しているときは，個別法，先入先出法，平均原価法等の費用配分の方法によって算定した取得原価あるいは低価法によって修正された回収可能な有効原価をもって貸借対照表価額とする。それとともに，このような計算を通じて，材料費，製造費用，売上原価などが算定される。費用配分の原則は，貸借対照表と損益計算書との双方にかかわる基本原則でもある。

第9章 財務諸表の作成

I　会社法会計と個別財務諸表

1　制度会計と個別財務諸表

　企業はこれをとりまく利害関係者に対し，企業の活動に関する情報を開示する責任を有する。企業は株主や投資家から資金を委託されていることから，その受託責任（stewardship）の遂行状況を報告する義務を負う。

　企業の受託責任に基づく法的・制度的な情報開示としては，会社法会計における計算書類を中心とする開示（会社法開示）と，金融商品取引法会計における連結財務諸表を中心とする開示（金商法開示）とが区別される。

　会社法開示では株主総会における株主への計算書類等（を含む事業報告書）の直接開示が中心となる。これに対し，金商法開示は，おもに上場企業による有価証券の発行市場および流通市場における投資家への連結財務諸表等（を含む有価証券報告書）の情報開示が中心となる。これらの開示は，おもに株主・投資家等に対する受託責任を果たすために行われるものということもできる。

　ここでは個別財務諸表の作成と開示をめぐって会社法会計における個別計算書類（個別財務諸表）の開示と作成を中心にみておこう。

2　会社法会計と開示

　会社法会計における開示としては，具体的には次のものがあげられる。
　①　直接開示…計算書類および事業報告の株主への提供と株主総会への提出
　②　間接開示…計算書類・事業報告・附属明細書，臨時計算書類の会社備置

きおよび閲覧等
③ 公告…貸借対照表・損益計算書の要旨（中小会社は貸借対照表の要旨のみ）の官報・日刊商業紙等への公表，なお，インターネットによる電子公告も認められる。また，有価証券報告書提出会社は，有価証券報告書をEDINET（Electronic Disclosure for Investors' NETwork,「金融商品取引法に基づく有価証券報告書等の開示書類に関する電子開示システム」）で公表しており，電子公告を行う必要はない。
④ 臨時開示（適時開示）…株式会社は，臨時の決算日における臨時計算書類（①臨時決算日における貸借対照表，②臨時決算期間に係る損益計算書）を作成することができる。

3　会社法会計と計算書類

会社法会計における財務諸表は計算書類と称される。そこにおいて個別企業の計算書類（個別計算書類）および連結企業集団の計算書類（連結計算書類）として，次のものがあげられる。

図表9-1　会社法会計における計算書類

個別計算書類	連結計算書類
① 貸借対照表	① 連結貸借対照表
② 損益計算書	② 連結損益計算書
③ 株主資本等変動計算書	③ 連結株主資本等変動計算書
④ 個別注記表	④ 連結注記表

連結財務諸表（連結計算書類）は，有価証券報告書提出会社（金商法会計適用会社）については作成が義務づけられるが，これ以外の株式会社ではその作成は任意である。

II　財務諸表の内容

　個別企業の財務諸表に関して，会社法会計では，上述のように次のような計算書類の作成が求められる。
　　①貸借対照表，②損益計算書，③株主資本等変動計算書，④個別注記表
　他方，金商法会計では，有価証券報告書において次のような財務諸表を作成することが求められる。
　　①貸借対照表，②損益計算書，③株主資本等変動計算書，④キャッシュ・フロー計算書，⑤個別注記表
　ただし，キャッシュ・フロー計算書は，連結財務諸表を作成しない有価証券報告書提出会社についてのみ作成することが求められる。連結財務諸表を作成する企業は連結キャッシュ・フロー計算書のみを作成公表すればよく，個別キャッシュ・フロー計算書は免除される。

1　貸借対照表

　貸借対照表は，企業の財政状態を表示するために，次の各部に区分される。
　　1.　資産（流動資産，固定資産，繰延資産）
　　2.　負債（流動負債，固定負債）
　　3.　純資産（株主資本，評価・換算差額等，新株予約権）
　貸借対照表の様式には報告式と勘定式とがある。報告式の場合，資産・負債・純資産の順に縦に一覧表示される。これに対し，勘定式の場合，左側（借方）に資産，右側（貸方）に負債および純資産が対照表形式で表示される。ここでは勘定式の貸借対照表を例示しておこう（図表9-2）。
　貸倒引当金・減価償却累計額に関しては，①科目別控除方式，②一括控除方式，③注記方式（科目別注記または一括注記）のいずれかが継続的に採用される。この例では，貸倒引当金は，それぞれ流動資産・固定資産において一括控除する方式で記載されている。また，建物・構築物や機械・装置のような償却性資産に関しては減価償却累計額控除後の金額で記載され，減価償却累計額は注記に記載される。

| 図表 9 - 2 | 貸借対照表の例示 |

貸　借　対　照　表

(平成 X2年 3 月31日現在)　　　　　(単位：百万円)

（資産の部）	金　額	（負債・純資産の部）	金　額
Ⅰ　流　動　資　産	2,780	Ⅰ　流　動　負　債	2,739
現　金　預　金	259	支　払　手　形	3
受　取　手　形	10	買　　掛　　金	862
売　　掛　　金	847	未　払　費　用	655
有　価　証　券	119	未払法人税等	7
棚　卸　資　産	294	諸　預　り　金	1,131
繰延税金資産	235	諸　引　当　金	81
そ　の　他	1,018	Ⅱ　固　定　負　債	488
貸倒引当金	△2	社　　　　債	150
Ⅱ　固　定　資　産	4,432	退職給付引当金	47
1．有形固定資産	506	長期預り金等	291
建物・構築物	199	負　債　合　計	3,227
機　械　装　置	158	Ⅰ　株　主　資　本	3,275
土　　　　地	137	資　本　金	3,600
建設仮勘定	12	資本剰余金	303
2．無形固定資産	74	資本準備金	253
特　許　権	52	その他資本剰余金	50
そ　の　他	22	利益剰余金	356
3．投資その他の資産	3,852	利益準備金	175
投資有価証券	993	その他利益剰余金	181
関係会社株式	2,614	自己株式	△983
長　期　貸　付　金	102	Ⅱ　評価・換算差額等	172
繰延税金資産	149	その他有価証券評価差額金	155
貸倒引当金	△6	繰延ヘッジ損益	17
Ⅲ　繰　延　資　産	11	Ⅲ　新株予約権	548
開　発　費	11	純　資　産　合　計	3,996
資　産　合　計	7,223	負債・純資産合計	7,223

2　損益計算書

損益計算書では，次のような計算区分によって，経営成績が算定表示される。
1. 営業損益計算——売上総利益（損失）・営業利益（損失）の計算
2. 経常損益計算——経常利益（損失）の計算
3. 純損益計算——税引前当期純利益（損失）および当期純利益（損失）の計算

損益計算書の様式には勘定式と報告式があるが，通常は報告式が用いられる。図表9-3は，会社法による損益計算書の例である。

図表9-3　損益計算書の例示

損　益　計　算　書

（平成X1年4月1日～平成X2年3月31日）　　　（単位：百万円）

Ⅰ　売　上　高		7,120
Ⅱ　売上原価		5,680
売上総利益		1,440
Ⅲ　販売費及び一般管理費		(1,226)
販売費		736
一般管理費		490
営　業　利　益		214
Ⅳ　営業外収益		(139)
受取利息		11
受取配当金		78
そ　の　他		50
Ⅴ　営業外費用		(141)
支払利息		8
そ　の　他		133
経　常　利　益		212
Ⅵ　特別利益		(74)
投資有価証券売却益		3
関係会社株式売却益		43

	固定資産売却益	28
Ⅶ	特別損失	(24)
	固定資産売却損	13
	その他	11
	税引前当期純利益	262
	法人税，住民税及び事業税	24
	法人税等調整額	90
	当期純利益	148

3　株主資本等変動計算書

　株主資本等変動計算書は，貸借対照表の純資産の部の各項目についての変動とその変動事由を表示するものである。したがって，その各項目の前期末・当期末残高は，前期および当期の貸借対照表の純資産の部における各項目の期末残高と整合したものでなければならない（株主資本等変動計算書会計基準4，5）。

　この株主資本等変動計算書の形式に関しては，①純資産の各項目を横に並べる様式（同適用指針3(1)①）と，②純資産の各項目を縦に並べる様式（同適用指針3(2)①）とがある。

【設例】下記のデータについて仕訳し，株主資本等変動計算書を作成しなさい。

①X0年4月に新株の発行による増資500百万円を実施し，資本金300百万円，資本準備金200百万円をそれぞれ計上した。

②X0年6月の株主総会において繰越利益剰余金から配当30百万円と利益準備金への繰り入れ3百万円を決議し，配当を行った。

③X1年3月期の当期純利益は148百万円である。

④その他有価証券667百万円の時価は721百万円であった。

⑤X1年3月期において自己株式421百万円取得した。

(1) 株主資本等変動計算書の作成

株主資本等変動計算書　　　　　（単位：百万円）

	株主資本								評価・換算差額等	純資産合計
	資本金	資本剰余金			利益剰余金			自己株式	その他有価証券評価差額金	
		資本準備金	その他資本剰余金	資本剰余金合計	利益準備金	その他利益剰余金		利益剰余金合計			
						任意積立金	繰越利益剰余金				
当期首残高	3,300	53	50	103	172	5	61	238	△562	667	3,746
当期変動額											
新株の発行	300	200		200							500
剰余金の配当					3		△33	△30			△30
当期純利益							148	148			148
その他有価証券評価差額金増減										54	54
自己株式取得									△421		△421
当期変動額合計	300	200	0	200	3	0	115	118	△421	54	251
当期末残高	3,600	253	50	303	175	5	176	356	△983	721	3,997

(2) 仕　訳
① 新株の発行
　　（借）現　金　預　金　　500　　（貸）資　　本　　金　　300
　　　　　　　　　　　　　　　　　　　　資　本　準　備　金　200
② 剰余金の配当（利益準備金積立て）
　　（借）当　期　純　利　益　　33　　（貸）当　座　預　金　　30
　　　　　　　　　　　　　　　　　　　　利　益　準　備　金　　3
③ 当期純利益の処理
　　（借）現　金　預　金　　148　　（貸）繰越利益剰余金　148
④ その他有価証券評価差額金の処理
　　（借）その他有価証券　　54　　（貸）その他有価証券評価差額金　54
⑤ 自己株式の取得
　　（借）自　己　株　式　　421　　（貸）現　金　預　金　　421

(3) 純資産の各項目を縦に並べる様式

<u>株主資本等変動計算書</u>　　（単位：百万円）

株主資本	
資本金	
当期首残高	3,300
当期変動額	
新株の発行	300
当期末残高	3,600
資本剰余金	
資本準備金	
当期首残高	53
当期変動額	
新株の発行	200
当期末残高	253
（以下省略）	

4 会計上の変更および誤謬の訂正

　会計上の変更とは会計方針の変更，表示方法の変更および会計上の見積りの変更をいう（会計上の変更等会計基準4）。会計方針（会計処理の原則および手続）の変更の場合，原則として，新たな会計方針を過去の期間のすべてに遡及適用する。ただし，会計基準等の改正に伴って経過的な取扱いが定められている場合は，それに従う（同基準6）。

　表示方法の変更の場合，原則として，表示する過去の財務諸表について，新たな表示方法に従い財務諸表の組替えを行う（同基準14）。会計上の見積りの変更の場合，それが変更期間のみに影響するときは当該変更期間に会計処理を行い，それが将来の期間にも影響するときは，将来にわたり会計処理を行う（同基準17）。

　過去の財務諸表における誤謬が発見された場合には，次の方法により修正再表示する（同基準21）。

① 表示期間より前の期間に関する修正再表示による累積的影響額は，表示する財務諸表のうち最も古い期間の期首資産・負債・純資産の額に反映する。
② 表示する過去の各期間の財務諸表には当該各期間の影響額を反映する。

5 注記表

　注記表には，例えば次に掲げるような項目が記載される（計規第98条）。

　①継続企業の前提に関する注記，②重要な会計方針に係る事項に関する注記，③会計方針の変更に関する注記，④表示方法の変更に関する注記，⑤会計上の見積りの変更に関する注記，⑥誤謬の訂正に関する注記，⑦貸借対照表等に関する注記，⑧損益計算書に関する注記，⑨株主資本等変動計算書に関する注記，⑩税効果会計に関する注記，⑪リースにより使用する固定資産に関する注記，⑫金融商品に関する注記，⑬賃貸等不動産に関する注記，⑭持分法損益等に関する注記，⑮関連当事者との取引に関する注記，⑯1株当たり情報に関する注記，⑰重要な後発事象に関する注記，⑱連結配当規制適用会社に関する注記，⑲その他の注記

第10章

連結財務諸表概説

　大企業の業績評価にあたっては，本社あるいは親会社の個別財務諸表だけでは不十分であり，グループ（企業集団）全体の連結財務諸表が不可欠である。とくに親会社が純粋持株会社（ホールディングス，ホールディングカンパニー）の場合，親会社の個別財務諸表だけでは，その企業のいわゆる「本業」と呼ばれる事業に関する業績・実態を把握することは困難な場合が多く，連結財務諸表・セグメント報告等の連結会計報告に関する情報がとくに必要である。

Ⅰ　連結財務諸表の体系と連結の範囲

1　連結財務諸表の体系

　企業集団に関する財務諸表は連結財務諸表と称される。連結財務諸表は，支配従属関係にある2以上の企業（会社，組合その他これらに準ずる事業体）からなるグループ（企業集団）を単一の組織体とみなして，親会社が当該企業集団の財政状態，経営成績およびキャッシュ・フローの状況等について総合的に報告するために作成される（連結会計基準5，9）。わが国の連結財務諸表としては，次のものがあげられる。

① 　連結貸借対照表
② 　連結損益及び包括利益計算書（または連結損益計算書・連結包括利益計算書）
③ 　連結株主資本等変動計算書
④ 　連結キャッシュ・フロー計算書
⑤ 　連結注記表

さらに，国際的な事業活動を展開する上場企業を中心とする特定会社が，国際財務報告基準（IFRS）と総称される国際会計基準に準拠して連結財務諸表を作成する場合は，IFRSに固有の連結財務諸表を作成・公表することが認められる（連結財規第93条）。

ここでは，おもにわが国の企業会計基準に基づいて，①連結貸借対照表，②連結損益及び包括利益計算書（または連結損益計算書・連結包括利益計算書），③連結株主資本等変動計算書についてみておこう。キャッシュ・フロー計算書は次章で検討する。

2 連結範囲－親会社・子会社の決定と支配力基準

親会社は，原則として，すべての子会社を連結の範囲に含めなければならない。親会社とは，他の企業の財務および営業または事業の方針を決定する機関（株主総会その他これに準ずる機関，以下，「意思決定機関」という）を支配している企業をいい，親会社が支配している他の企業を子会社という。親会社および子会社または子会社が，他の企業の意思決定機関を支配している場合の当該他の企業も子会社とみなされる（同基準6：詳細は同基準7）。

連結範囲の決定にあたっては，株主総会の議決権の過半数を自己の計算で所有しているか，議決権所有が40％以上50％以下であっても，実質的に支配しているという事実（同基準7の要件参照）があれば子会社として扱われる。

当該他の企業のうち，更生会社，破産会社その他これらに準ずる企業であって，かつ，有効な支配従属関係が存在しないと認められる企業は除かれる。

また，子会社のうち次に該当するものは連結の範囲に含めない（同基準14）。

① 支配が一時的であると認められる企業
② ①以外の企業であって，連結することにより，利害関係者の判断を著しく誤らせるおそれのある企業

II 連結貸借対照表

1 連結貸借対照表の作成

　連結貸借対照表は，親会社および子会社の個別貸借対照表における資産，負債および純資産の金額を基礎とし，子会社の資産・負債の評価，親会社および連結される子会社（以下，「連結会社」という）相互間の投資と資本の相殺消去，債権と債務の相殺消去等の処理を行って作成する（同基準18）。

　子会社の資産・負債は，全面時価評価法により，支配獲得日の時価により評価する。子会社の資産および負債の時価による評価額と，当該資産および負債の個別貸借対照表上の金額との差額（評価差額）は，子会社の資本とする（同基準20～21）。

　親会社の（子会社に対する）投資とこれに対応する子会社の資本とは，相殺消去する。親会社の子会社に対する投資の金額は，支配獲得日の時価による。子会社の資本は，子会社の個別貸借対照表上の純資産の部における株主資本および評価・換算差額等と評価差額からなる（同基準23）。

　親会社の子会社に対する投資とこれに対応する子会社の資本との相殺消去にあたり，借方に差額が生じた場合，この差額はのれんとして処理する。また，貸方に消去差額が生じた場合は，負ののれんが生じるが，これに関しては継承した資産・負債にさかのぼって，必要な修正を加えて，さらに残存するものは発生年度の利益として処理する（同基準24，企業結合会計基準33）。

　子会社相互間の投資とこれに対応する子会社の資本とは，親会社の子会社に対する投資とこれに対応する子会社の資本との相殺消去に準じて処理する（連結会計基準25）。

2 非支配株主持分

　子会社の資本のうち，親会社に帰属しない部分は，非支配株主持分となる。連結にあたって，支配獲得日の子会社の資本は，親会社に帰属する部分と非支配株主に帰属する部分とに分け，前者は親会社の投資と相殺消去し，後者は非

支配株主持分として処理する。非支配株主持分も親会社持分とともに，純資産の部に記載される。

　このような連結会計の基礎概念ないし会計主体観は経済的単一体概念と呼ばれる。経済的単一体概念は，親会社株主も非支配株主もグループの株主には違いがなく両者を同等に扱おうとする観点に立つものである。ドイツでは伝統的にこのような考えに立ってきた。

　このような経済的単一体概念に対して，非支配株主を親会社株主と異なる存在でありむしろ債権者とみなす考えは親会社概念と称される。親会社概念は，会計主体論からすれば所有主理論（資本主理論）として位置づけられる。

　また，非支配株主持分を負債と純資産との中間に位置づける考えは親会社拡張概念と称される。

図表10-1　連結基礎概念の変遷と連結貸借対照表

親会社概念		親会社拡張概念		経済的単一体概念	
資産	負債	資産	負債	資産	負債
	非支配株主持分		非支配株主持分		純資産
	純資産		純資産		非支配株主持分

3　簡単な連結貸借対照表作成例

　ここでは連結貸借対照表の簡単な例についてみておこう。

【設例】P社は，S社の株式80％を保有している（5,000千円）。X年度末におけるS社とP社の財務状況は，以下のとおりである。なお，ここでは税効果会計は度外視する。

P社貸借対照表　　（単位：千円）

諸資産	45,000	諸負債	10,000
S社株式	5,000	資本金	35,000
		利益剰余金	5,000
	50,000		50,000

S社貸借対照表　　（単位：千円）

諸資産	10,000	諸負債	4,000
		資本金	5,000
		利益剰余金	1,000
	10,000		10,000

　まず，子会社S社の純資産（資本金および利益剰余金）と親会社P社のS社への投資（S社株式）との相殺消去を行う。S社純資産の親会社持分相当額は，6,000千円の80%であるから，4,800千円となる。また，非支配株主持分は，純資産の20%であるから1,200千円となる。のれんは，S社純資産の親会社持分額4,800千円と投資額（S社株式）5,000千円との差額200千円（借方）となる。したがって，次のような仕訳が示される。

（借）資　本　金　　5,000　　（貸）S　社　株　式　　5,000
　　　利 益 剰 余 金　1,000　　　　　非支配株主持分　　1,200
　　　の れ ん　　　　 200

これより，連結貸借対照表は次のように示される。

連結貸借対照表　　（単位：千円）

資　産		負債・純資産	
諸資産	55,000	諸負債	14,000
のれん	200	資本金	35,000
		利益剰余金	5,000
		非支配株主持分	1,200
	55,200		55,200

4 関連会社と持分法

(1) 関連会社

関連会社とは，親会社および子会社が，出資，人事，資金，技術，取引等の関係を通じて，子会社以外の他の企業の財務および営業（または事業）の方針決定に対して重要な影響を与えることができる企業をいう（影響力基準）。

関連会社は，次のような場合に影響力を与えることのできる企業である。
① 当該他の企業の議決権の20％以上を実質的に所有している場合
② 当該他の企業の議決権の所有割合が20％未満であっても，一定の議決権（15％以上）を有しており，かつ，当該会社の財務および営業（または事業）の方針決定に対して重要な影響を与えることができる一定の事実が認められる場合（詳細は持分法会計基準5-2(2)参照）

なお，更生会社，破産会社その他これに準ずる企業であって，かつ，当該会社の財務および営業（事業）の方針決定に対して重要な影響を与えることができないと認められる企業は，関連会社に含めない（連結会計適用指針27）。

(2) 持分法

このような関連会社および非連結子会社に関しては原則として持分法が適用される（連結財規第10条）。ここに持分法とは，投資会社が被投資会社の純資産および損益のうち投資会社に帰属する部分の変動に応じて，その投資の額を連結決算日ごとに修正する方法である。その適用に際しては，被投資会社の財務諸表について，資産および負債の評価，税効果会計の適用等，原則として連結子会社の場合と同様の処理を行う。ただし，重要性が乏しいものについては，これらの処理を行わないことができる。以下のような簡単な例についてみよう。

【設例】
① P社は，A社株式の30％を4,000千円で取得した。
② A社は，当期純利益1,000千円を計上した。

---

① A社株式の取得

(借)	投資(A社株式)	4,000	(貸)	現	金	4,000

② A社当期純利益1,000千円の30％がP社の持分法による投資利益となる。

(借)	投資(A社株式)	300	(貸)	持分法投資損益	300

5　表示方法

連結貸借対照表には，資産の部，負債の部および純資産の部を設ける。

(1) 資産の部…流動資産，固定資産および繰延資産に区分し，固定資産は有形固定資産・無形固定資産・投資その他の資産に区分して記載する。
(2) 負債の部…流動負債および固定負債に区分して記載する。
(3) 純資産の部…株主資本（資本金・資本剰余金・利益剰余金・自己株式），その他包括利益累計額，新株予約権，非支配株主持分に区分する。個別貸借対照表の純資産の部と比較して，為替換算調整勘定や退職給付に係る調整累計額と非支配株主持分とが新たに加わる。

図表10－2　連結貸借対照表の区分表示

(資　産　の　部)	(負　債　の　部)
Ⅰ　流動資産	Ⅰ　流動負債
現金及び預金	支払手形
受取手形	買　掛　金
売　掛　金	前　受　金
棚卸資産	繰延税金負債
前　渡　金	……
繰延税金資産	流動負債合計
……	Ⅱ　固定負債
流動資産合計	社　　　債
Ⅱ　固定資産	長期借入金
1　有形固定資産	退職給付に係る負債
建物及び構築物	繰延税金負債
機械・装置	固定負債合計
土　　　地	負債合計
……	(純資産の部)
2　無形固定資産	Ⅰ　株主資本

```
            のれん                    1  資本金
            特許権                    2  資本剰余金
            商標権                    3  利益剰余金
            ……                      4  自己株式
    3  投資その他の資産                     株主資本合計
            関係会社株式            Ⅱ その他の包括利益累計額
            退職給付に係る資産         1  その他有価証券評価差額金
            繰延税金資産              2  繰延ヘッジ損益
            ……                      3  為替換算調整勘定
                固定資産合計          4  退職給付に係る調整累計額
    Ⅲ 繰延資産                             その他の包括利益累計額
            ……                     Ⅲ 新株予約権
                繰延資産合計         Ⅳ 非支配株主持分
                資産合計                  純資産合計
                                          負債・純資産合計
```

　流動資産・有形固定資産・無形固定資産・投資その他の資産・流動負債・固定負債は，一定の基準に従い，その性質を示す適当な名称を付した科目に明瞭に分類して記載する。とくに非連結会社および関連会社に対する投資は，他の項目と区別して記載し，または注記に明瞭に表示する。

Ⅲ　連結損益及び包括利益計算書

1　連結損益及び包括利益計算書

　従来の連結損益計算書に加えて，国際会計基準の影響のもとに連結包括利益計算書の作成が求められるようになった。その場合に，連結損益計算書と連結包括利益計算書とをそれぞれ別個に作成する2計算書方式と，連結損益及び包括利益計算書として両者を結合する1計算書方式とがある。いずれにしても，これらの計算書は，親会社および子会社の個別損益計算書等における収益，費用等の金額を基礎とし，連結会社相互間の取引高の相殺消去および未実現損益の消去等の処理を行って作成する（包括利益会計基準，連結財規第3章の2等参

照)。

2 連結会社相互間の取引高の相殺消去

連結会社相互間における商品の売買その他の取引に係る項目は，相殺消去する。また，会社相互間取引が連結会社以外の会社を通じて行われている場合であっても，その取引が実質的に連結会社間の直接の取引であることが明確であるときは，この取引を連結会社間の取引とみなして処理する（連結会計基準35,注12）。

3 未実現損益の消去

連結会社相互間の取引によって取得した棚卸資産，固定資産その他の資産に含まれる未実現損益は，その全額を消去する。ただし，未実現損失については，売手側の帳簿価額のうち回収不能と認められる部分は，消去しない。なお，未実現損益の金額に重要性が乏しい場合には，これを消去しないことができる。

売手側の子会社に非支配株主が存在する場合には，未実現損益は，親会社と非支配株主の持分比率に応じて，親会社の持分と非支配株主持分とに配分する（同基準36～38）。

4 表示方法

1計算書方式（連結損益及び包括利益計算書）によるにせよ2計算書方式（連結損益計算書及び連結包括利益計算書）によるにせよ，当期純利益までの計算（連結損益計算書）については営業損益計算・経常損益計算・純損益計算の区分は次のように表示する（同基準39）。

(1) 営業損益計算の区分…売上高および売上原価を記載して売上総利益を表示し，さらに販売費及び一般管理費を記載して営業利益（営業損失）を表示する。
(2) 経常損益計算の区分…営業利益（営業損失）に営業外収益および営業外費用を記載して経常利益（経常損失）を表示する。
(3) 純損益計算の区分…次のように表示する。
　① 経常利益（経常損失）に特別利益および特別損失を記載して税金等調整

前当期純利益を表示する。
② 税金等調整前当期純利益に法人税額等を加減して，非支配株主損益調整前当期純利益を表示する。
③ 非支配株主損益調整前当期純利益に非支配株主損益を加減して，当期純利益を表示する。

これより，連結財務諸表における包括利益は，2計算書方式と1計算書方式についてみれば，次の図表10-3のように示される（包括利益会計基準参考2.参照）。

図表10-3 包括利益の表示例

(単位：千円)

2計算書方式		1計算書方式	
〈連結損益計算書〉		〈連結損益及び包括利益計算書〉	
売上高	15,000	売上高	15,000
………	×××	………	×××
税金等調整前当期純利益	2,000	税金等調整前当期純利益	2,000
法人税等	800	法人税等	800
当期純利益	1,200	当期純利益	1,200
非支配株主に帰属する当期純利益	200	(内訳)	
親会社株主に帰属する当期純利益	1,000	親会社株主に帰属する当期純利益	1,000
〈連結包括利益計算書〉		非支配株主に帰属する当期純利益	200
当期純利益	1,200		
その他の包括利益：		その他の包括利益：	
その他有価証券評価差額金	400	その他有価証券評価差額金	400
繰延ヘッジ損益	250	繰延ヘッジ損益	250
為替換算調整勘定	△ 150	為替換算調整勘定	△ 150
その他の包括利益合計	500	その他の包括利益合計	500
包括利益	1,700	包括利益	1,700
(内訳)		(内訳)	
親会社株主に係る包括利益	1,420	親会社株主に係る包括利益	1,420
非支配株主に係る包括利益	280	非支配株主に係る包括利益	280

Ⅳ　連結株主資本等変動計算書

　連結株主資本等変動計算書は，純資産の項目（イ．株主資本，ロ．評価・換算差額等，ハ．新株予約権，ニ．非支配株主持分）に区分して表示する。これより，たとえば図表10-4のような連結株主資本等変動計算書が示される。

図表10-4　連結株主資本等変動計算書

(1) 純資産の各項目を横に並べる様式（株主資本等変動計算書適用指針3(1)②）

	株主資本					その他の包括利益累計額				新株予約権	非支配株主持分	純資産合計
	資本金	資本剰余金	利益剰余金	自己株式	株主資本合計	その他有価証券評価差額金	繰延ヘッジ損益	為替換算調整勘定	その他の包括利益累計額合計			
当期首残高	xx	xx	xx	*x	xx	xx	xx	xx	xx	xx	xx	xx
当期変動額												
新株の発行	xx	xx			xx							xx
剰余金の配当			*x		*x							*x
当期純利益			xx		xx							xx
自己株式処分				xx	xx							xx
×××××												
株主資本以外の項目の当期変動額（純額）						xx	xx	xx	xx	xx	xx	xx
当期変動額合計	xx	xx	xx	xx	xx	xx	xx	xx	xx	xx	xx	xx
当期末残高	xx	xx	xx	*x	xx	xx	xx	xx	xx	xx	xx	xx

(*x = △xx：マイナス金額)

(2) 純資産の各項目を縦に並べる様式（同適用指針3(2)②）

株主資本		その他の包括利益累計額	
資本金		その他有価証券評価差額金	
当期首残高	×××	当期首残高	×××
当期変動額		当期変動額	
新株の発行	×××	株主資本以外の項目の	
……	×××	当期変動額（純額）	×××
当期変動額合計	×××	当期変動額合計	×××
当期末残高	×××	当期末残高	×××
資本剰余金		……	
当期首残高	×××	……	
当期変動額		その他の包括利益累計額合計	
新株の発行	×××	……	
……	×××	新株予約権	×××
当期変動額合計	×××	……	
当期末残高	×××	非支配株主持分	
……		……	
……		純資産合計	
株主資本合計		当期首残高	×××
当期首残高	×××	当期変動額	
当期変動額		新株の発行	×××
新株の発行	×××	剰余金の配当	×××
剰余金の配当	×××	……	
当期純利益	×××	株主資本以外の項目の	
自己株式の処分	×××	当期変動額（純額）	×××
……	×××	当期変動額合計	×××
当期変動額合計	×××	当期末残高	×××
当期末残高	×××		

V 純粋持株会社と連結財務諸表・セグメント報告

1 純粋持株会社

　伝統的会計では，親会社がその中心的な事業と行うとともに，子会社を支配するいわゆる事業持株会社でなければならなかった。1997年の独占禁止法改正によってわが国でも親会社が事業を行わず子会社支配を目的とする純粋持株会社が解禁された。

　この純粋持株会社を親会社とする企業集団の増加とともに，以前は親会社の個別財務諸表によってその企業（集団）の業績がある程度判断できたが，現在では純粋持株会社の業績のみではその企業集団の事業業績はほとんど判断できないようになった。純粋持株会社を親会社とする企業（集団）の本来の事業業績は，連結財務諸表でないと判断できないことが多い。その意味においても連結財務諸表の重要性は増大している。

2 セグメント情報

(1) 事業セグメント

　企業規模の拡大とともに企業集団が形成され，多角化・国際化（グローバル化）から，さらには純粋持株会社の普及とともに，事業別の部分業績の情報が一層重要性を増してきている。そのような事業別業績に関する情報が，セグメント情報である。

　セグメント情報等は，財務諸表利用者が，企業の過去の業績を理解し，将来のキャッシュ・フローの予測を適切に評価できるように，企業が行うさまざまな事業活動の内容とその経営環境に関して適切な情報を開示するものである（セグメント会計基準4）。

　セグメント情報で取り扱う事業セグメントは，次の要件のすべてに該当する企業の構成単位である（同基準6項）。

　① 収益を稼得し，費用が発生する事業活動にかかわるもの（同一企業内の他の構成単位との取引に関連する収益および費用を含む）。

② 企業の最高経営意思決定機関が，当該構成単位の資源配分決定および業績評価のために，その経営成績を定期的に検討する。
③ 分離された財務情報を入手できる。

　ただし，新規事業を立ち上げたときのように，現時点では収益を稼得していない場合でも事業セグメントとして識別することもある。企業の本社または特定の部門のように，企業を構成する一部であっても収益を稼得していない，あるいは付随的な収益を稼得するにすぎない構成単位は，事業セグメントまたは事業セグメントの一部とならない（同基準7）。

(2) セグメント情報の開示項目

　企業は，セグメント情報として，次の事項を開示しなければならない（同基準17）。
① 報告セグメントの概要
② 報告セグメントの利益（または損失），資産，負債およびその他の重要な項目の額ならびにその測定方法に関する事項
③ 開示する項目の合計額とこれに対応する財務諸表計上額との間の差異調整に関する事項

(3) 報告セグメントの概要

　企業は，報告セグメントの概要として，次の事項を開示しなければならない（同基準18）。
① 報告セグメントの決定方法事業セグメントを識別するために用いた方法（たとえば，製品・サービス別，地域別，規制環境別，またはこれらの組み合せ等，企業の事業セグメントの基礎となる要素）および複数の事業セグメントを集約した場合にはその旨等。
② 各報告セグメントに属する製品およびサービスの種類

(4) セグメント情報の開示内容

　企業は，各報告セグメントの利益（または損失）および資産の額を開示しなければならない（同基準19）。負債に関する情報が，最高経営意思決定機関に

対して定期的に提供され，使用されている場合，企業は各報告セグメントの負債の額を開示しなければならない（同基準20）。

　企業が開示する報告セグメントの利益（または損失）の額の算定に次の項目が含まれている場合，企業は各報告セグメントのこれらの金額を開示しなければならない（同基準21）。

① 外部顧客への売上高
② 事業セグメント間の内部売上高または振替高
③ 減価償却費（のれんを除く無形固定資産に係る償却費を含む）
④ のれんの償却額および負ののれんの償却額
⑤ 受取利息および支払利息
⑥ 持分法投資利益（または損失）
⑦ 特別利益および特別損失（おもな内訳をあわせて開示）
⑧ 税金費用（法人税等および法人税等調整額）
⑨ ①から⑧に含まれていない重要な非資金損益項目

　報告セグメントの資産の額の算定に次の項目が含まれている場合，これらの金額を開示しなければならない（同基準22）。

① 持分法適用会社への投資額（当年度末残高）
② 有形固定資産および無形固定資産の増加額（当年度の投資額）

　また，これらの金額が報告セグメントにおける額の算定に含まれていない場合であっても，それらの項目の事業セグメント別の情報が最高経営意思決定機関に対して定期的に提供され，使用されているときには，各報告セグメントのこれらの金額を開示しなければならない（同基準21-22）。

(5) 測定方法に関する事項

　上記の開示内容は，事業セグメントに資源を配分する意思決定を行い，その業績を評価する目的で，最高経営意思決定機関に報告される金額に基づいて行わなければならない。財務諸表の作成にあたって行った修正や相殺消去，または特定の収益，費用，資産または負債の配分は，最高経営意思決定機関が使用する事業セグメントの利益（または損失），資産または負債の算定に含まれている場合にのみ，報告セグメントの各項目の額に含めることができる。

ただし,特定の収益,費用,資産または負債を各事業セグメントの利益(または損失),資産または負債に配分する場合には,企業は,合理的な基準に従って配分しなければならない(同基準23)。また,開示内容の項目の測定方法や損益計算書および貸借対照表の計上額との差異に関する内容等についての開示が求められる(同基準24)。

例えば,セグメント会計適用指針(開示例1)等に従えば,次のようなセグメント情報開示の項目例(金額等省略)が示される。

図表10-5　セグメント情報の開示項目例

	A事業	B事業	C事業	その他	調整	連結
売　上　高 　外部顧客への売上高 　セグメント間売上高						
計						
セグメント利益						
セグメント資産						
セグメント負債						
その他の項目 　減価償却費 　固定資産増加額						

第11章

キャッシュ・フロー会計

　キャッシュ・フロー計算書は第三の財務諸表といわれ，貸借対照表および損益計算書とならんで重要な財務諸表として位置づけられ，とくに上場企業集団の連結財務諸表においては連結貸借対照表・連結損益計算書とともにその作成・報告が求められている。現代会計は，取得原価主義会計に基礎をおいてきた伝統的会計のときよりも見積りの要素が多く，「硬い」数値であるキャッシュ・フロー計算書は一層その重要性を増してきている。

I　キャッシュ・フロー会計の基礎

1　キャッシュ・フロー計算書の意義

　キャッシュ・フロー計算書は貸借対照表・損益計算書とともに基本財務諸表として位置づけられ，第三の財務諸表ともいわれる。とりわけ，金商法会計や国際的な会計基準では（連結）キャッシュ・フロー計算書も（連結）財務諸表の体系の中に含まれる。これらの3つの計算書は，財務諸表三本化とか会計三表あるいは財務三表とか称され，これらは同等・対等のものとして扱われるべきことが説かれる。現在の企業会計における，3つの基本財務諸表について，その作成表示目的を中心にみれば次のように示される。
① 貸借対照表…期末時点の財政状態
② 損益計算書…当期の経営成績
③ キャッシュ・フロー計算書…当期のキャッシュ・フローの状況

　これより明らかなように，貸借対照表のみが期末時点の状態を表示するのに対し，他の2つの計算書は期中取引ないし期間の状況に関する報告からなる。

キャッシュ・フロー計算書を期中の収支取引から直接に作成すること（直接的作成法）を想定するならば，キャッシュ・フロー計算書（収支計算）・貸借対照表計算（有高計算）・損益計算書（損益計算）の関係は**図表11-1**のように示されるであろう。なお，ここでは，キャッシュ・フローに関して［借方＝収入：貸方＝支出］とする方式によっている（郡司2010，8頁）。

この図からは，貸借対照表（有高計算）は，未解消の収入・支出と未解消の費用・収益を収容するものであり，まさに収支計算と損益計算との連結環をなすことがうかがえるであろう。

図表11-1　3計算系統図（試算表形式）

収支計算	期首現金	支出
	収入	
		期末現金
有高計算	期末現金	負債
	資産	純資産
		利益
損益計算	利益	収益
	費用	

2　キャッシュ・フロー計算書とキャッシュの概念

キャッシュ・フロー計算書におけるキャッシュとは，次のような現金及び現金同等物（cash and cash equivalent）を意味する（連結キャッシュ・フロー会計基準第二，注2）。

(1)　現金…手許現金および要求払預金（普通預金，当座預金，通知預金等）

(2) 現金同等物…容易に換金可能であり，かつ価値の変動について僅少なリスクしか負わない短期投資である。これには，たとえば，満期日または償還日が3か月以内の定期預金，譲渡性預金，コマーシャル・ペーパー，公社債投資信託等がある。また，当座借越は負の現金同等物として扱われる。

3 キャッシュ・フロー計算書の表示区分

キャッシュ・フロー計算書において一会計期間におけるキャッシュ・フローは，次の3つの区分に分けて表示される（同基準第二，二）。

(1) 営業活動によるキャッシュ・フロー
　この区分では，次のものが記載される。
　① 営業損益計算の対象となった取引に係るキャッシュ・フロー
　② 営業活動に係る債権・債務から生ずるキャッシュ・フロー
　③ 投資活動および財務活動以外の取引によるキャッシュ・フロー

(2) 投資活動によるキャッシュ・フロー
　この区分では，次のようなキャッシュ・フローが記載される。
　① 有形固定資産および無形固定資産の取得および売却
　② 資金の貸付および回収
　③ 現金同等物に含まれない有価証券および投資有価証券の取得および売却等の取引に係るキャッシュ・フロー

(3) 財務活動によるキャッシュ・フロー
　この区分では，次のようなキャッシュ・フローが記載される。
　① 借入れおよび株式または社債の発行による資金の調達
　② 借入金の返済および社債の償還等の取引に係るキャッシュ・フロー
　自己株式の売却・取得による収入・支出もこの区分に記載される。

Ⅱ　キャッシュ・フロー計算書の表示方法

1　営業活動によるキャッシュ・フローの表示方法

「営業活動によるキャッシュ・フロー」の表示方法には，継続的適用を条件として，次の直接法と間接法との選択適用が認められる（同基準第三）。
- (a) 直接法——主要な取引ごとに収入総額と支出総額を表示する方法
- (b) 間接法——純利益に必要な調整項目を加減して表示する方法

　間接法は，より具体的には税引前（税金等調整前—連結—）当期純利益に非資金損益項目，営業活動に係る資産および負債の増減等を加減して表示する方法である。その場合，税引前（税金等調整前）当期純利益から開始する形式によっているので，法人税等の支払額は独立のマイナス項目として明示する。

2　投資活動・財務活動によるキャッシュ・フローの表示方法

「投資活動によるキャッシュ・フロー」および「財務活動によるキャッシュ・フロー」の区分に関しては，主要な取引ごとにキャッシュ・フローを総額表示する方法すなわち直接法が採用される。

3　（連結）キャッシュ・フロー計算書の内容

（連結）キャッシュ・フロー計算書に関しては，例えば次のような内容があげられる（同基準様式1，様式2参照）。

Ⅰ　営業活動によるキャッシュ・フロー
　［直接法］：
　　① 営業収入，原材料・商品の仕入支出，人件費支出，その他の営業支出
　　② 利息および配当金の受取額，利息の支払額，損害賠償金支払額，法人税等の支払額
　　＝営業活動によるキャッシュ・フロー

［間接法］：
① 税引前（税金等調整前＊）当期純利益，減価償却費，のれん償却額，貸倒引当金増加額，受取利息および受取配当金，支払利息，為替差損，持分法投資利益＊，有形固定資産売却益，損害賠償損失，売上債権増加額，棚卸資産減少額，仕入債務減少額
② 直接法に同じ
 ＝営業活動によるキャッシュ・フロー
Ⅱ 投資活動によるキャッシュ・フロー
 有価証券取得支出・売却収入，有形固定資産取得支出・売却収入，投資有価証券取得支出・売却収入，連結範囲の変更を伴う子会社株式の取得支出＊・売却収入，貸付支出，貸付金回収収入
Ⅲ 財務活動によるキャッシュ・フロー
 短期・長期借入収入，短期・長期借入金返済支出，社債発行収入，社債償還支出，株式発行収入，自己株式取得支出，配当金支払額，非支配株主配当金支払額＊
Ⅳ 現金及び現金同等物に係る換算差額
Ⅴ 現金及び現金同等物の増加額（または減少額）
Ⅵ 現金及び現金同等物期首残高
Ⅶ 現金及び現金同等物期末残高

＊連結キャッシュ・フロー計算書関係項目

　利息および配当金に係るキャッシュ・フローは，次のいずれかの方法により記載する。
① 受取利息，受取配当金および支払利息は「営業活動によるキャッシュ・フロー」の区分に記載し，支払配当金は「財務活動によるキャッシュ・フロー」の区分に記載する方法
② 受取利息および受取配当金は「投資活動によるキャッシュ・フロー」の区分に記載し，支払利息および支払配当金は「財務活動によるキャッシュ・フロー」の区分に記載する方法

4 間接法における調整項目

間接法の場合，税引前（税金等調整前）当期純利益から出発して，たとえば次のような項目について調整する（同基準・実務指針参照）。

① 非資金項目
  （＋） 非現金費用項目…減価償却費，のれん償却額，貸付金に係る貸倒引当金増加額
  （－） 非現金収益項目…持分法による投資利益
② 営業活動に係る資産・負債の増減
  （＋） 営業関係負債増加・資産減少…棚卸資産減少額
  （－） 営業関係資産増加・負債減少…売上債権増加額，仕入債務減少額
③ 「投資活動・財務活動によるキャッシュ・フロー」の区分に含まれるキャッシュ・フローに関連して発生した損益項目（非営業損益項目）
  （＋） 発生費用・損失項目…支払利息・損害賠償損失
  （－） 発生収益・利益項目…受取利息・受取配当金・固定資産売却益

なお，（＋）はプラス調整（増加要因），（－）はマイナス調整（減少要因）を意味する。あとは直接法と同様，利息および配当金の受取額，利息の支払額，損害賠償金支払額，法人税等の支払額を加減して営業活動によるキャッシュ・フローが求められる。

Ⅲ　キャッシュ・フロー計算書の作成

1 基礎データ

ここでは，キャッシュ・フロー計算書の作成について簡単な例を用いて説明しよう。

【設例】　以下の資料に基づいて，(1)直接法によるキャッシュ・フロー計算書を作成し，(2)間接法による「営業活動によるキャッシュ・フロー」の計算を示しなさい（単位：千円）。

〈資料〉

売上高	6,000	売掛金増加高	800
売上原価	3,400	棚卸資産増加高	500
販売費・一般管理費	800	買掛金増加高	300
うち減価償却費	140	未払法人税等	120
税引前当期純利益	1,800	借入金増加高	320
法人税等	600	株式購入	290

2 直接法の場合の計算

(1) 営業収入

　この例では，売上高6,000千円から売掛金増加高800千円を差し引いて売上収入5,200千円が営業収入として算定される。

　　　　　営業収入5,200＝売上高6,000－売掛金増加高800

(2) 仕入支出

　この例では総仕入高から買掛金増加高を差し引いて，仕入支出が算定される。総仕入高は，売上原価と棚卸増加高との合計であるから，次のように計算される。

　　　仕入支出3,600＝（売上原価3,400＋棚卸増加高500）－買掛金増加高300

(3) その他の営業支出

　営業費（販売費・一般管理費）には営業施設関係の減価償却費（当期減価償却累計額）が含まれるので，この非現金費用を差し引いてその他の営業支出を算定する。

　　　その他の営業支出660＝営業費（販売費・一般管理費）800－減価償却費140

(4) 法人税等支払額

　法人税等支払額は，法人税等から未払法人税等を差し引いて算定される。

法人税等支払額480＝法人税等600－未払法人税120

(5) 投資活動および財務活動によるキャッシュ・フローの処理

有価証券の取得は，投資活動（証券投資）の支出，借入収入は財務活動の収入として扱われる。

以上の処理によって，次のようなキャッシュ・フロー計算書が作成される。

図表11-2　キャッシュ・フロー計算書〈直接法〉

キャッシュ・フロー計算書	（単位：千円）
Ⅰ　営業活動によるキャッシュ・フロー	
営業収入	5,200
仕入支出	3,600
その他の営業支出	660
小　　　計	940
法人税等支払額	480
営業活動によるキャッシュ・フロー	460
Ⅱ　投資活動によるキャッシュ・フロー	
有価証券取得支出	290
投資活動によるキャッシュ・フロー	△290
Ⅲ　財務活動によるキャッシュ・フロー	
借入金収入	320
財務活動によるキャッシュ・フロー	320
現金及び現金同等物の増加額	490

3　間接法の場合の処理

間接法の場合，税引前利益に，非資金項目，営業活動に係る資産・負債の増減ならびに非営業損益項目を加減して求める（単位：千円－以下省略）。

(1) 税引前純利益の調整
　① 税引前当期純利益　1,800
　② 非資金項目…減価償却費140（プラス調整）
　③ 営業活動に係る資産・負債の増減
　　(a) 営業関係負債増加・資産減少…買掛金増加300（プラス調整）
　　(b) 営業関係資産増加・負債減少…売掛金増加800, 商品増加500（マイナス調整）

(2) 法人税等支払額
　開始項目たる税引前純利益に対する末尾独立明示項目（支出）として法人税等支払額を控除する。
　法人税等支払額480＝法人税等600－未払法人税120
　このような処理に基づいて，次のような「営業活動によるキャッシュ・フロー」が計算される。投資活動および財務活動によるキャッシュ・フローは直接法による場合と同じである。

図表11-4　営業活動によるキャッシュ・フロー〈間接法〉

Ⅰ　営業活動によるキャッシュ・フロー	（単位：千円）
税引前当期純利益	1,800
減価償却費	140
買掛金増加高	300
売掛金増加高	△800
棚卸資産増加高	△500
小　　計	940
法人税等支払額	480
営業活動によるキャッシュ・フロー	460

Ⅳ キャッシュ・フロー計算書の直接的作成法

1 キャッシュ・フロー計算書の直接的作成

　キャッシュ・フロー計算書は，おもに貸借対照表と損益計算書つまり発生主義会計（のデータ）に基づいて作成されることが多い。キャッシュ・フロー計算書が，貸借対照表および損益計算書と対等に位置づけられるためには，この両財務表に基づくのではなく，これらと同等に簿記会計機構から直接的に作成されるべきである（安平1994，107-108頁）。
　上記の直接法および間接法は営業活動によるキャッシュ・フローの表示法に関する区別である。これに対して，直接的作成法は，簿記機構から直接的に作成する方法であり，表示法としての直接法とは区別される。
　ここではそのような直接的作成法として，三勘定計算表を取りあげ検討しよう。有高（残高）勘定・損益勘定・現金勘定という3つの集合勘定を一般勘定（「資産・総資本」・「費用・収益」・「収入・支出」」勘定）として，それぞれ次のような勘定計算を展開するものである。
　① 有高勘定計算（貸借対照表計算）
　② 費用収益勘定計算（収益・費用計算）
　③ 現金（収支）勘定計算（収入・支出計算）
　これより基本帳簿（仕訳帳）における仕訳と，3つの一般勘定を中心とする元帳記入とからなる計算処理をいわば多欄式行列計算表によって示すことができる。これはドイツのレーマンが提示した独自の勘定学説（動的三勘定系統説）に依拠するものである（Lehmann1925, S.358ff，郡司2010，20-22頁）。

2 三勘定計算表による会計三表の同時作成

　ここでは，簡単な設例を用いて三勘定計算表ならびに有高勘定計算（貸借対照表）・現金（収支）勘定計算（キャッシュ・フロー計算書）・収益費用勘定計算（損益計算書）についてみておこう。

【例題】 三勘定計算表による会計三表の同時作成（単位：千円―以下省略）

期首貸借対照表

借　　方	金　額	貸　　方	金　額
現金	4,000	買掛金	4,000
売掛金	5,000	借入金	3,000
有価証券	2,360	未払利息	0
商品	3,500	未払法人税等	0
設備	2,000	資本金	9,000
減価償却累計額	－360	利益剰余金	500
合　　計	16,500	合　　計	16,500

〈期中取引〉
(1)　商品7,000を売上げ，6,100を現金で受け取り，残りは掛けとした。
(2)　商品4,900を仕入れ，4,650を現金で仕入れ，残りは掛けとした。
(3)　営業費800のうち減価償却費160以外は現金で支払った。
(4)　配当金80を現金で受け取った。
(5)　支払利息300のうち120は現金で支払った。
(6)　法人税等600のうち450は現金で支払った。
(7)　有価証券290を取得した。
(8)　320借り入れた。
(9)　期末商品増加高400を仕入勘定へ振り替えた。

　以上の取引に従って，次のような三勘定計算表が作成される。

| 図表11-5 | 三勘定計算表 |

	摘要	金額	資産・総資本		収入・支出		費用・収益	
			借方	貸方	借方	貸方	借方	貸方
1	期首借方有高	16,500	12,500		4,000			
2	期首貸方有高	16,500		16,500				
3	現金売上	6,100			6,100			6,100
4	掛売上	900	900					900
5	現金仕入	4,650				4,650	4,650	
6	掛仕入	250		250			250	
7	現金営業費	640				640	640	
8	減価償却累計	160		160			160	
9	配当金受取	80			80			80
10	利息支払	120				120	120	
11	未払利息	180		180			180	
12	法人税等支払	450				450	450	
13	未払法人税等	150		150			150	
14	有価証券取得	290	290			290		
15	借入	320		320	320			
16	期末商品増加	400	400					400
	小計		14,090	17,560	10,500	6,150	6,600	7,480
	現金・利益		4,350	880		4,350	880	
	合計		18,440	18,440	10,500	10,500	7,480	7,480

　この三勘定計算表から，貸借対照表・キャッシュ・フロー計算書・損益計算書が作成されうる。

図表11-6　会計三表

貸借対照表	金額	CF計算書	金額	損益計算書	金額
現金	4,350	営業収入	6,100	売上高	7,000
売掛金	5,900	仕入支出	-4,650	売上原価	4,500
有価証券	2,650	その他営業支出	-640	売上総利益	2,500
商品	3,900	小計	810	営業費	800
設備	2,000	配当金受取額	80	営業利益	1,700
減価償却累計額	-520	利息支払額	-120	受取配当金	80
資産合計	18,280	法人税等支払額	-450	支払利息	300
買掛金	4,250	営業CF	320	税引前利益	1,480
借入金	3,320	投資CF	-290	法人税等	600
未払利息	180	財務CF	320	当期純利益	880
未払法人税等	150	現金等増減額	350		
資本金	9,000	期首現金等	4,000		
利益剰余金	1,380	期末現金	4,350		
総資本合計	18,280				

（CF＝キャッシュ・フロー）

　この三勘定計算表からは，貸借対照表・損益計算書とキャッシュ・フロー計算書とが同じ簿記会計機構から誘導されることが具体的に明示されることになり，会計三表が対等に位置づけられることとなる。

V　キャッシュ・フロー計算書の役立ち

1　直接法と間接法

　ここで直接法と間接法とは作成方法というよりも営業活動におけるキャッシュ・フローをどのように表示するかの表示方法における相違である。直接法では，営業活動における収入と支出とを直接的に対応・表示するものである。

これに対し，間接法は税引前利益に減価償却費等の非現金費用を加え，非現金収益を差し引いて営業活動によるキャッシュ・フローを算定表示する。その意味ではキャッシュ・インフローとキャッシュ・アウトフローとの差額として算定表示する直接法のほうがわかりやすいという利点がある。

しかし，間接法も，利益および減価償却費という粗キャッシュ・フローを知ることができる。この粗キャッシュ・フローは，かつて管理会計などでキャッシュ・フローとして用いられたものに相当し，企業の経営者が，資本コストを要さずに自由に使用できる資金であり，自己資金・内部資金（内部財務）の最も中核部分を示す。間接法はまた，利益と（営業活動による）キャッシュ・フローとの関係を示すという利点がある。しかも，間接法の場合は貸借対照表と損益計算書に基づいて外部から容易に作成できるという利点もある。他方で，この方法は発生主義に基づいて作成されるものであり，直接にキャッシュ・フローから作成されるものではないという性格を有している。

2 キャッシュ・フロー計算書の作成と役立ち

キャッシュ・フロー計算書においては，企業の活動を営業活動・投資活動・財務活動に区分することにより，営業活動によって創出されたキャッシュが，どのように投資活動や財務活動に使用されているか，どの程度投資活動へキャッシュが投下されているか，それが営業活動によるキャッシュの不足によりどの程度財務活動に依存しているか，等の情報を提供する。損益計算書からは十分に捕捉できない情報をもたらすとみられる。

とくに営業活動によるキャッシュ・フローと投資活動によるキャッシュ・フローとの関係が次第に悪化している場合には資金不足が恒常化しており，企業存続の危険性が高まっているとみることができる。

現代会計における資産・負債，収益・費用には多くの判断や見積・予測が含まれる。これに対し，キャッシュ・フローは，基本的にそのような判断や見積・予測を含まない「硬い」（硬度の高い）数値としてとらえられる。そして，たとえば，損益計算書の営業利益が毎期ほぼ一定していても，営業活動によるキャッシュ・フローが減少しているときは，現金売上よりも掛売上が増加したり，売掛金の回収が困難であったりなどの原因により，結果的に「勘定合って，

銭足らず」（利益が出ているにもかかわらずキャッシュが不足する）といわれる状態に陥ったり，さらには「黒字倒産」に至る危険性が大きくなる。その判断にあたって，キャッシュ・フロー計算書の情報が役立つとみられる。

なお，前述のように間接法によるキャッシュ・フロー計算書は損益計算書および貸借対照表データに基づいて外部でも作成可能であるだけでなく，そこに含まれる「粗キャッシュ・フロー（＝利益＋減価償却費＋長期引当金繰入額）」はその企業（経営者）が，資本コストなしに使用できる内部資金（自己金融）を示すという利点がある。そこで，米国会計基準では，直接法によるキャッシュ・フロー計算書に加えて，間接法による営業キャッシュ・フロー計算（調整計算表）を補足的に開示することを原則としているが（FASB1987），実際には間接法によるキャッシュ・フロー計算書のみを公表する企業が多い。

第12章
税効果・金融商品・外貨換算会計の概要

　伝統的会計では損益計算目的のもとに取得原価主義と実現主義とに基づいて会計処理がなされ，損益計算書と貸借対照表とを中心とする会計報告が作成された。現代会計では，情報提供目的のもとに，これまでとくに認識・測定されなかった経済事象・事実にまでその会計領域が拡大され，会計報告もさらに複雑化してきている。ここでは，おもに税効果会計・金融商品会計・外貨換算会計について概説する。

I　税効果会計

1　税効果会計の目的

　伝統的会計では，長らく税務上の基準（税法会計基準）を優先して損益計算書と貸借対照表とを作成するという実務が行われていた。このような税務上の基準を優先する考え方は，逆基準性とか実質的確定決算主義と呼ばれた。
　現代会計では，貸借対照表および損益計算書に関する会計基準は，国際的会計基準等の影響のもとに，税務上の基準と一致しなくなった。そこで，企業会計上の資産・負債と課税所得計算上の資産・負債との間に相違がある場合に，法人税その他利益に関連する金額を課税標準とする税金の額を適切に期間配分することにより，法人税等を控除する前の当期純利益と法人税等を合理的に対応させることを目的とする手続が採用される。このような会計処理を税効果会計という（税効果会計基準第一）。

2　一時差異等の認識

　財務諸表の作成にあたり，貸借対照表に計上されている資産および負債の金額と課税所得計算の結果算定された資産および負債の金額との間に差額が生じる場合，この差額を一時差異という。法人税等については，一時差異に係る税金の額を適切な会計期間に配分しなければならない。
　一時差異は，たとえば次の場合に生じる。
① 収益または費用の帰属年度が相違する場合
② 資産の評価替えにより生じた評価差額が純資産の部に直接計上され，かつ課税所得の計算に含まれていない場合

一時差異には，次の2つのものが区別される。
① 将来減算一時差異…当該一時差異が解消するときにその期の課税所得を減額する効果（前払税金効果）をもつもの
② 将来加算一時差異…当該一時差異が解消するときにその期の課税所得を増額する効果（未払税金効果）をもつもの

　なお，将来の課税所得と相殺可能な繰越欠損金等については，一時差異と同様に扱う。一時差異および繰越欠損金等を総称して「一時差異等」という（同基準第二，一）。

3　繰延税金資産，繰延税金負債，法人税等調整額

　一時差異等に係る税金の額は，将来の会計期間において回収または支払が見込まれない場合を除き，繰延税金資産または繰延税金負債として計上しなければならない（同基準第二，二）。
① 繰延税金資産または繰延税金負債の金額は，回収または支払見込期間の税率（実効税率）に基づいて計算する。
② 繰延税金資産と繰延税金負債の差額の期首期末増減額は，法人税等調整額として計上する。

【設例】　A社の税引前当期純利益は，第1期，第2期とも10,000千円であった。第1期に不良貸付金4,000千円が発生し，これについて引当金を設定し

たが，税務上損金に算入されなかった。第2期に，この4,000千円が，税務上損金算入された。税率は30％とする。

　ここで，納税申告書（法人税申告書）は，税引前当期純利益に損金不算入額（第1期），損金算入額（第2期）をそれぞれ加減して算定表示される（単位：千円—以下，省略）。

納税申告書　　　　　　　　（単位：千円）

	第1期	第2期
申告調整前課税所得（＝税引前当期純利益）	10,000	10,000
貸倒償却調整額	（＋）4,000	（－）4,000
調整後課税所得	14,000	6,000
法人税等（税率30％）	4,200	1,800

　これに基づいて税効果会計適用後の損益計算書は，次のようになる。

損益計算書（税効果会計適用後）　　（単位：千円）

	第1期	第2期
税引前当期純利益	10,000	10,000
法人税等	（－）4,200	（－）1,800
法人税等調整額	（＋）1,200	（－）1,200
税引後当期純利益	7,000	7,000

　税効果会計の適用により，第1期に損金不算入の貸倒償却額（貸倒引当金繰入額）に関する税額（4,000×30％＝1,200）は，いわば前払税金に相当し，法人税等の金額から繰延控除する。第2期の損金算入に伴ってこれを法人税等に加算する。この処理は法人税等調整額を通じてなされる。
　したがって，第1期では前払税金に相当する金額はこれを法人税等の金額から繰延控除するため，法人税等調整額に貸方記入し，繰延税金資産を計上する。

(借) 繰 延 税 金 資 産   1,200   (貸) 法 人 税 等 調 整 額   1,200
第2期では損金算入に伴い繰延税金資産から法人税等調整額へ振り替える。
(借) 法 人 税 等 調 整 額   1,200   (貸) 繰 延 税 金 資 産   1,200

4 繰延税金資産・繰延税金負債の表示

　繰延税金資産については，将来の回収の見込み（回収可能性）について毎期見直しを行う。繰延税金資産は，流動資産または投資その他の資産に，繰延税金負債は，流動負債または固定負債にそれぞれ表示する。資産の評価替えによる評価差額が純資産の部に直接計上される場合の当該差額に係る繰延税金資産・繰延税金負債は，当該評価差額から控除して計上する（同基準第二）。

　流動資産に属する繰延税金資産と流動負債に属する繰延税金負債がある場合，および投資その他の資産に属する繰延税金資産と固定負債に属する繰延税金負債がある場合には，それぞれ相殺して表示する（同基準第三）。

5 連結税効果会計

　連結財務諸表の作成にあたっても，税効果会計が適用される。すなわち，連結会社の法人税その他利益に関連する金額を課税標準とする税金については，一時差異等に係る税金の額を期間配分しなければならない。連結財務諸表固有の一時差異には，例えば，次のものがある（連結税効果会計実務指針3）。

① 資本連結に際し，子会社の資産および負債の時価評価により評価差額が生じた場合
② 連結会社相互間の取引から生じる未実現利益を消去した場合
③ 連結会社相互間の債権と債務の相殺消去により貸倒引当金を減額修正した場合

　そして，連結貸借対照表においても，流動資産に属する繰延税金資産と流動負債に属する繰延税金負債とがある場合，また投資その他の資産に属する繰延税金資産と固定負債に属する繰延税金負債とがある場合，それぞれ相殺して表示する。ただし，連結企業集団内の異なる企業（納税主体）の繰延税金資産と繰延税金負債とは，原則として相殺してはならない。

II 金融商品の会計

1 金融商品

　金融商品は，金融資産，金融負債およびデリバティブ取引に係る契約の総称としてとらえられる。金融資産は，現金預金・受取手形・売掛金・貸付金等の金銭債権，株式その他の出資証券・公社債等の有価証券ならびにデリバティブ取引により生じる正味の債権等を含む。金融負債は，支払手形・買掛金・借入金・社債等の金銭債務ならびにデリバティブ取引により生じる正味の債務等を含む。金融資産・金融負債には，複数種類の金融資産または金融負債が組み合わされている複合金融商品も含まれる（金融商品会計基準4～5，注1）。

2 受取手形・売掛金等の金銭債権の区分と貸倒見積高算定法

　受取手形・売掛金その他の債権の貸借対照表価額は，債権金額または取得価額から正常な貸倒見積高（貸倒引当金）を控除した金額とする。

　貸倒見積高に関しては，債務者の財政状態および経営成績等に応じた債権の各区分について次のような算定方法が適用される（同基準27，28）。

債権区分	債務者の内容	貸倒見積高算定方法
一般債権	経営状態に重大な問題が生じていない債務者に対する債権	債権全体または債権種類別に過去の貸倒実績率等合理的な基準による。
貸倒懸念債権	経営破綻状態には至っていないが債務の弁済に重大な問題が生じているか，その可能性が高い債務者に対する債権	次のいずれかの方法による。 (a) 担保の処分見込額等を減額した債権残額について債務者の財政状態・経営成績を考慮して算定する。 (b) 債権元本回収・利息受取に係る見積キャッシュ・フローの割引額総額と債権帳簿価額との差額とする。
破産更生	経営破綻または実質的に	債権額から担保の処分見込額・保証回

| 債権等 | 経営破綻に陥っている債務者に対する債権 | 収見込額を減額したその残額を貸倒見積高とする。 |

3 有価証券

(1) 有価証券の分類

有価証券は,その保有目的等に従って,次の5つに分類される(同基準15〜18)。

分　類	内　容	評価と処理
売買目的有価証券	時価の変動により利益を得ることを目的として保有する有価証券	時価で評価し,評価差額は当期の損益として処理する
満期保有目的債券	満期保有を目的とする社債その他の債券	取得原価または償却原価法を適用する。
関係会社株式	子会社株式および関連会社の株式	事業投資と同様の考えに基づき取得原価によって評価する。
その他有価証券	上記のいずれにも分類できない,市場価格のある有価証券(持合株式を含む)	時価評価(洗い替え方式)し,(a)合計額を純資産の部に計上するか,(b)評価損は当期の損失とし評価益は純資産の部に計上する。純資産の部計上の評価差額は,税効果会計を適用する。
市場価格のない有価証券	市場価格がなく客観的な時価を把握できない有価証券	社債その他の債券は,取得原価または償却原価法,それ以外の有価証券は,取得原価による。

なお,売買目的有価証券および決算期後1年以内に満期が到来する社債その他の債券は流動資産の部に記載される。金銭信託やデリバティブ取引により生じる正味の債権等も流動資産に含まれる。

(2) その他有価証券評価差額金と税効果会計

長期保有の有価証券（投資有価証券）の評価差額金（その他有価証券評価差額金）については，税効果会計が適用される。すなわち，その他有価証券の評価差額に係る一時差異は，原則として，個々の銘柄ごとに（あるいは一括して）スケジューリングを行い，評価差損に係る将来減算一時差異については当該スケジューリングの結果に基づき回収可能性を判断したうえで繰延税金資産を計上し，評価差益に係る将来加算一時差異については繰延税金負債を計上する（繰延税金資産適用指針38項）。

【設例】長期保有の2つの銘柄の株式AおよびBの原価と時価は次のようであった。このときの両株式の仕訳を示しなさい（法定実効税率30％）。
　　A株式：原価　5,000千円；時価　7,000千円
　　B株式：原価　6,000千円；時価　5,000千円

A株式については長期保有の有価証券（投資有価証券）の評価差益に関する将来加算一時差異であるから繰延税金負債として処理し，B株式は評価差損に対する将来減算一時差異であるから繰延税金資産として処理する。

A株式の仕訳：
　（借）投 資 有 価 証 券　　2,000　　（貸）その他有価証券評価差額金　　1,400
　　　　　　　　　　　　　　　　　　　　　　繰 延 税 金 負 債　　600

B株式の仕訳
　（借）その他有価証券評価差額金　　700　　（貸）投 資 有 価 証 券　　1,000
　　　　繰 延 税 金 資 産　　300

4　償却原価法（利息法）

(1) 社債の購入と償却原価法（利息法）

受取手形，売掛金，貸付金等の債権あるいは満期保有目的の社債その他債券について，その取得において債権金額（額面金額）とその取得価額とが異なる場合がある。その差異が金利の調整と認められるときは，償却原価法を適用し，当該加減額は受取利息（有価証券利息）に含めて処理する。

償却原価法は，金融資産または金融負債を債権額または債務額と異なる金額で計上した場合において，当該差額に相当する金額を弁済期または償還期に至るまで毎期一定の方法で貸借対照表価額に加減する方法である。利息法が原則として採用されるが，契約上，元利の支払が弁済期限に一括して行われる場合または規則的に行われることとなっている場合には定額法も認められる（同基準16，注5，同実務指針105）。

【設例】 3年満期の社債額面金額100,000円（社債利率1％）を89,107円で購入した（満期保有目的）。この場合，毎期の社債利息および満期償還額の割引現在価値がその取得価額と等しくなるような実効利子率は5％となる。

実効利子率は次の計算で示される。

$$89,107 = \frac{1,000}{1+0.05} + \frac{1,000}{(1+0.05)^2} + \frac{101,000}{(1+0.05)^3}$$

これより，毎期の受取利息配分額（有価証券利息）から利息受取額を差し引いて毎期末債券金額（投資有価証券の償却原価）が求められる。

	期首債券金額	受取利息配分額（5％）	利息受取額（1％）	期末債券金額
1年後	89,107円	4,455円	1,000円	92,562円
2年後	92,562円	4,628円	1,000円	96,190円
3年後	96,190円	4,810円	1,000円	100,000円

必要な仕訳を示せば次のようになる。

購入時　（借）　投資有価証券　89,107　（貸）　現　金　預　金　89,107
1年後　（借）　投資有価証券　 3,455　（貸）　有　価　証　券　利　息　 4,450
　　　　　　　現　金　預　金　 1,000
2年後　（借）　投資有価証券　 3,628　（貸）　有　価　証　券　利　息　 4,628
　　　　　　　現　金　預　金　 1,000

3年後　（借）投資有価証券　3,810　（貸）有価証券利息　4,810
　　　　　　現　金　預　金　1,000

　このように利息法では，取得価額89,107円と将来キャッシュ・フロー（社債利息および満期償還額）の割引現在価値とが等しくなる割引利子率が実効利子率として用いられる。
　定額法による場合，その差額10,893円（＝100,000円－89,107円）を毎期3,631円ずつ均等に受取利息（有価証券利息）として配分する。

(2) 社債の発行と償却原価法（利息法）
　金融負債である社債の発行にあたっては，その発行価額が券面額を上回る場合（打歩発行），両者一致する場合（平価発行），発行価額が券面額を下回る場合（割引発行）が考えられる。わが国では割引発行が一般的である。社債の額面金額と発行価額との差額が金利の調整と認められる場合は償却原価法（利息法）が適用される。

> 【設例】 3年満期の社債額面金額100,000円（社債利率1％）を91,675円で発行した（実効利回り：4％）。支払った社債発行費用6,000円は，繰延資産に計上した。

　実効利回り（実効利子率）は次の計算で示される。

$$91,675 = \frac{1,000}{1+0.04} + \frac{1,000}{(1+0.04)^2} + \frac{101,000}{(1+0.04)^3}$$

　これより，償却原価法（利息法）に基づけば，毎期首の債券金額に社債利息配分額と利息支払額とを加減して期末債券金額（償却原価）が求められる。

	期首債券金額	社債利息配分額 （4％）	利息支払額 （1％）	期末債券金額
1年後	91,675円	3,667円	1,000円	94,342円
2年後	94,342円	3,774円	1,000円	97,116円

| 3年後 | 97,116円 | 3,884円 | 1,000円 | 100,000円 |

繰延資産計上された社債発行費用は毎期均等償却する。これより，必要な仕訳を示せば次のようになる。

```
発行時  （借） 現  金  預  金  89,107  （貸） 社           債  91,675
             社 債 発 行 費   6,000       現  金  預  金   6,000
1年後   （借） 社  債  利  息   3,667  （貸） 社           債   2,667
             社債発行費償却    2,000       現  金  預  金   1,000
                                        社 債 発 行 費   2,000
2年後   （借） 社  債  利  息   3,774  （貸） 社           債   2,774
                                        現  金  預  金   1,000
             社債発行費償却    2,000       社 債 発 行 費   2,000
3年後   （借） 社  債  利  息   3,884  （貸） 社           債   2,884
                                        現  金  預  金   1,000
             社債発行費償却    2,000       社 債 発 行 費   2,000
```

5　デリバティブ取引とヘッジ会計

(1)　デリバティブ取引

デリバティブ（派生的金融商品）取引とは，株式・債券・預貯金（金利）・外国通貨・先物商品といった金融商品から発生した取引である。これには，たとえば，次のような取引およびこれらに類似する取引があげられる（財規第8条9〜13項等）。

① 先物取引…将来の一定の時期に特定の商品を契約時の約定価格で授受することを内容とする契約（先物契約）（例）株式先物，債券先物，商品先物等

② 先渡取引…将来の一定の時期に現物（通貨および対価）の授受を約する売買取引（例）為替予約（外国通貨の将来の売買価格をあらかじめ決める取引）

③ オプション取引…取引の当事者の一方にオプション（選択権）を付与し，

一方は相手方にその対価の支払を約する取引（例）株式オプション，債券（先物）・金利（先物）・通貨・商品先物オプション等

④ スワップ取引…当事者が元本（・金利）として定めた金額（外貨額）について当該当事者間で取り決めた利率（為替相場）に基づき金銭の支払を相互に約する取引等（例）金利スワップ，通貨スワップ等

このようなデリバティブ取引により生じる正味の債権・債務は，時価をもって貸借対照表価額とし，評価差額は，原則として，当期の損益として処理する（金融商品会計基準25）。

(2) ヘッジ取引とヘッジ会計

ヘッジ取引とは，ヘッジの対象となる資産・負債が，相場変動等により損失の可能性にさらされている場合，その損失を相殺するか，そのキャッシュ・フローを固定することによって変動を回避できるような取引を手段として用いる方法である。したがって，ヘッジ取引には，相場変動等により損失の可能性にさらされている資産・負債（ヘッジ対象）と，その損失を回避するための手段（ヘッジ手段）とが存在する。

ヘッジ会計は，ヘッジ取引のうち一定の要件を充たすものについて，ヘッジ対象に係る損益とヘッジ手段に係る損益を同一の会計期間に認識し，ヘッジの効果を会計に反映させるための会計処理である。ヘッジ会計の適用にあたっては，その取引が企業のリスク管理方針に従うとともに，ヘッジ取引時以降，ヘッジ手段の効果が定期的に確認されていることが必要である（同基準30，31）。

(3) ヘッジ会計の方法

ヘッジ会計の処理法としては，繰延ヘッジ会計と時価ヘッジ会計とがある。繰延ヘッジ会計では，時価評価されているヘッジ手段に係る損益または評価差額を，ヘッジ対象に係る損益が認識されるまで資産または負債として繰り延べる。純資産の部に計上されるヘッジ手段に係る損益または評価差額（繰延ヘッジ損益）については，税効果会計を適用する。

時価ヘッジ会計では，ヘッジ対象である資産または負債に係る相場変動等を損益に反映させ，その損益とヘッジ手段に係る損益とを同一の会計期間に認識

する。わが国では，繰延ヘッジ会計を原則とし，時価ヘッジ会計の適用も認めている（同基準32）。

> 【設例】以下の取引を(a)繰延ヘッジと(b)時価ヘッジとによって仕訳する。
> (1) A社は，国債を4,750千円（単価95円，額面100円）で取得し，「その他有価証券」として保有している。時価の下落に備えて国債先物5,000千円を単価98円（額面100円）で売建て，委託証拠金100千円を差し入れた。
> (2) 決算日に国債の時価が4,500千円に下落し，国債先物も単価が96円に低下した。「その他有価証券評価差額金」は，全部純資産の部に計上する方法を採用している。税効果会計は考慮しない。

(1) (a)繰延ヘッジ・(b)時価ヘッジ共通　（単位：千円）
　　（借）　差 入 証 拠 金　　100　　（貸）　現 金 預 金　　100
(2)
(a)　繰延ヘッジ
　　（借）　その他有価証券評価差額金　250　　（貸）　その他有価証券　　250
　　　　　　先 物 取 引　　　　　　100　　　　　　繰延ヘッジ利益　　100
(b)　時価ヘッジ
　　（借）　その他有価証券評価損　　250　　（貸）　その他有価証券　　250
　　　　　　先 物 取 引　　　　　　100　　　　　　ヘ ッ ジ 利 益　　100

決算日にヘッジ対象である国債の時価が4,750千円から4,500千円に下落したのでその他有価証券を250千円減額する。また，ヘッジ手段である単価98円で売り建てた国債先物は単価が96円に下落したので，

$$（98円－96円）\times（5,000千円\div100円）=100千円$$

が（繰延）ヘッジ利益となり，一部損失回避される。繰延ヘッジ会計では，その他有価証券の減額分はその他有価証券評価差額金（純資産）で処理する。繰延ヘッジ損益は純資産の部に計上する（実務指針174）。

時価ヘッジ会計ではその他有価証券の減額分はその他有価証券評価損として営業外費用に，ヘッジ利益は営業外収益にそれぞれ計上する。先物取引に係る

債権は先物取引勘定で処理する。

Ⅲ　外貨換算会計

　企業活動の国際化に伴い，企業の取引も売買価額その他取引価額が外国通貨で表示される取引つまり外貨建取引が増大してきている。財務諸表の作成にあたっては，外貨建資産・負債の自国通貨単位（円）への換算を行う必要がある。

1　外貨建取引発生時の処理

　外貨建取引は，原則として，当該取引発生時の為替相場による円換算額をもって記録する。取引発生時の為替相場は，取引時レートあるいは取得時レートと呼ばれる。これ以外にも，決算時レート（決算時の為替相場）や期中平均レートなどが用いられる。
　外貨建取引に係る外貨建金銭債権債務と為替予約等との関係が，「ヘッジ会計の要件」を充たしている場合には，当該外貨建取引についてヘッジ会計を適用することができる（外貨換算会計基準一1）。

2　決算時の処理

(1)　換算方法
　外国通貨，外貨建金銭債権債務，外貨建有価証券，外貨建デリバティブ取引等の金融商品については，原則として以下の処理を行う（同基準一2）。
　①　外国通貨…決算時レート（決算時の為替相場による円換算額）
　②　外貨建金銭債権債務（外貨預金を含む）…決算時レート（ただし，外貨建自社発行社債のうち転換請求期間満了前の転換社債については，転換請求の可能性のないものを除き，発行時レート）
　③　外貨建有価証券
　　イ．満期保有目的の外貨建債券…決算時レート
　　ロ．売買目的有価証券およびその他有価証券…外国通貨による時価の決算時レート
　　ハ．子会社株式および関連会社株式…取得時レート

外貨建有価証券について，著しい時価下落または実質価額低下により評価額の引下げが求められる場合には，当該外貨建有価証券の時価または実質価額は，外国通貨による時価または実質価額の決算時レート

④ 外貨建デリバティブ取引等の時価評価…外国通貨による時価の決算時レート

(2) 換算差額の処理

決算時における換算によって生じた換算差額は，原則として，当期の為替差損益として処理する。ただし，有価証券の著しい時価下落・実質価額低下による評価減によって生じた換算差額は，当期の有価証券評価損として処理する。また，金融商品会計基準による時価評価に係る評価差額に含まれる換算差額については，原則として，当該評価差額に関する処理方法に従う（同基準2.(2)）。

3 決済に伴う損益の処理

外貨建金銭債権債務の決済・外国通貨の円転換に伴って生じた損益は，原則として，当期の為替差損益として処理する。

外貨建取引の発生日から，その取引に関する外貨建金銭債権債務の決済日に至るまでの間の為替相場の変動による為替差異（為替換算差額・為替決済損益）の処理にあたっては，一取引基準と二取引基準との2つの基準がある。

(1) 一取引基準

一取引基準は，外貨建取引と，当該取引から生じる外貨建金銭債権債務等に係る為替差異の発生とを1つの連続した取引とみなす。この基準では，決算時および代金決済時の為替相場の変動はすべて最初の外貨建取引の修正として処理する。したがって，その最初の外貨建取引の金額は，原則として代金決済が終わるまで確定しえないこととなる。

(2) 二取引基準

二取引基準では，外貨建取引と，当該取引から生じる外貨建金銭債権債務等に係る為替差異の発生とを別個の取引として考える。この場合，最初の外貨建

取引とは別個の取引（財務取引）に関する為替差損益（為替換算差額・為替決済損益）は，外貨建取引とは別個の財務上の損益として営業外損益に含められる。わが国では，為替差額の処理にあたりこの二取引基準が採用される。

> 【設例】 1月10日に米国から商品5,000ドルを輸入し，4月30日にこの代金を決済した。そして，この商品は，6月1日に600,000円で掛売した。輸入日，決算日および決済日の為替レートは，それぞれ100円，102円，105円であった。決算日は，3月31日である。これより，①輸入日，②決算日，③決済日，④販売日の仕訳を示しなさい。

(1) 一取引基準の場合，①輸入日，②決算日，③決済日，④販売日の仕訳は次のように示される。
　　① （借）仕　　　　　入　500,000　（貸）買　　掛　　金　500,000
　　② （借）仕　　　　　入　 10,000　（貸）買　　掛　　金　 10,000
　　③ （借）買　　掛　　金　510,000　（貸）現　金　預　金　525,000
　　　　　　仕　　　　　入　 15,000
　　④ （借）売　　掛　　金　600,000　（貸）売　　　　　上　600,000
(2) 二取引基準の場合，以下のようになる。
　　① （借）仕　　　　　入　500,000　（貸）買　　掛　　金　500,000
　　② （借）為　替　差　損　 10,000　（貸）買　　掛　　金　 10,000
　　③ （借）買　　掛　　金　510,000　（貸）現　金　預　金　525,000
　　　　　　為　替　差　損　 15,000
　　④ （借）売　　掛　　金　600,000　（貸）売　　　　　上　600,000

4　在外支店の財務諸表項目

在外支店における外貨建取引については，原則として，本店と同様に処理する。ただし，在外支店の外貨表示財務諸表に基づいて本支店合併財務諸表を作成する場合には，以下の方法によることができる（同基準二1～3，注11）。

なお，在外支店の外貨表示棚卸資産について低価基準を適用する場合には，外国通貨による時価または実質価額を決算時レートにより円換算する。

(1) 収益および費用の換算の特例

収益および費用（収益性負債の収益化額および費用性資産の費用化額を除く）の換算については，期中平均レートによることができる。

(2) 外貨表示財務諸表項目の換算の特例

在外支店の外貨表示財務諸表項目の換算にあたり，非貨幣性項目の金額に重要性がない場合には，支店における本店勘定を除くすべての貸借対照表項目・損益項目について決算時レートによる方法を適用することができる。

(3) 換算差額の処理

本店と異なる方法による換算によって生じた換算差額は，当期の為替差損益として処理する。

5 在外子会社等の財務諸表項目の換算

なお，連結財務諸表の作成または持分法の適用にあたり，在外子会社または関連会社の外貨表示財務諸表項目の換算は，次の方法による（外貨換算会計基準三1〜4）。

① 資産および負債…決算時レートによる。
② 純資産…親会社による株式の取得時における純資産に属する項目については，株式取得時のレート，この株式取得後に生じた項目については，当該項目の発生時のレートによる。
③ 収益および費用…原則として期中平均レート，ただし，決算時レートによることもできる。なお，親会社との取引による収益および費用の換算については，親会社が換算に用いる為替相場による。この場合に生じる差額は，当期の為替差損益として処理する。
④ 換算差額の処理…為替換算調整勘定として貸借対照表の純資産の部に記載する。

第13章

現代会計と現在価値

I　現代会計と現在価値測定

　かつて米国会計学会（AAA）1957年原則書やドイツ語圏のケーファー（K. Käfer）等によって，資産は将来キャッシュ・フローの割引現在価値で測定されるべきことが提唱された（郡司2016a,）。しかし，当時は，その測定の不確実性のゆえに，取得原価や時価（市場価格）がおもに採用された。
　現代会計では，資産・負債の評価にあたり，将来キャッシュ・フローの割引現在価値が重要なかかわりをもつようになった。すなわち，特定領域について，時価基準や，現在価値基準が適用されるようになった。それとともに，現代会計では厳密な意味での取得原価主義ではなく，取得原価・時価・現在価値の混合的な測定が展開されるようになった。
　ここでは，おもに現在価値測定の適用に密接にかかわる，減損会計・リース会計・退職給付会計・資産除去債務会計の具体的な内容と処理について概説する。とくに，リース会計，退職給付会計，資産除去債務の会計は，伝統的会計において認識計上されなかった負債の認識・測定にかかわる。
　リース会計では，リース資産だけでなくリース債務も計上される。リース取引が貸借対照表に計上されない場合，そのリース債務は負債に計上されず，同じ資産を借入金によって調達した場合と比べて，負債は過小に計上され，総資本（総資産＝負債・純資産合計）に占める負債（総資本負債比率）の割合は過小となる。これは投資家や各種利害関係者の意思決定（判断）を誤らせることになりかねない。したがって，リース会計によって，リース債務という（隠れ）負債が表出されることとなる。

退職給付会計では、退職一時金だけでなく、その後の確定給付型の企業年金制度に基づく年金給付の支給にかかわる債務の当期負担分を認識計上する。それは将来の退職給付に関する当期の負担分という（隠れ）負債を表出するものとみることもできる。

さらに、近年、有形固定資産の解体・撤去および原状回復が問題となり、その資産除去債務（asset retirement (removal) obligation）を貸借対照表に計上することが求められるようになった。

II 減損会計

1 固定資産の減損評価

減損会計は、資産の収益性の低下により、投資額の回収が見込めなくなった状態にある資産あるいは資産グループについて、一定の条件のもとで回収可能性を反映させるように帳簿価額を減額する会計処理である（減損会計基準意見書三3.）。その処理のプロセスは、次のように示される。

図表13-1　減損処理のプロセス

(1) 減損の兆候 … 減損の可能性のある資産・資産グループを識別する。

(2) 減損損失の認識 … 帳簿価額＞割引前将来キャッシュ・フローの場合に減損損失の認識を行う。

(3) 減損損失の測定 … 減損損失＝帳簿価額－回収可能価額

(4) 財務諸表の表示 … 貸借対照表の当該資産から減損損失を減額し、損益計算書の特別損失に計上する。

固定資産の回収可能価額に関しては、正味売却価額と使用価値とのいずれか高いほうの金額を用いる。正味売却価額は、資産・資産グループの時価から処分費用見込額を差し引いて算定する。その場合の時価とは、公正な評価額をい

い，通常それは観察可能な市場価格としてとらえられる。これが観察できない場合は，合理的に算定された価額をいう。使用価値は，資産または資産グループの継続的使用と使用後の処分によって生ずると見込まれる将来キャッシュ・フローの現在価値をいう。使用価値の算定には，将来キャッシュ・フローの割引現在価値が求められるのに対し，減損損失の認識には，割引前の将来キャッシュ・フローが用いられる。

帳簿価額から減損損失を減額するにあたっては，直接控除が原則であるが，減損損失累計額として間接控除することも認められる。

このように固定資産に関しては，投資期間全体を通じた回収可能性を評価し，投資額の回収が見込めなくなった時点で，その減損損失を将来に繰り延べないために帳簿価額を減額することが認められる。その投資（固定資産）の回収可能価額をめぐって，正味売却価額と使用価値との比較がなされる。

2 対象資産と具体的処理

減損損失を認識するかどうかの判定と使用価値の算定とにあたって，将来キャッシュ・フローが見積られる。その場合の見積金額は，生起する可能性の最も高い単一の金額（最頻値）か，生起しうる複数の将来キャッシュ・フローをそれぞれの確率で加重平均した額（期待値）を用いる（同基準二3(3)）。

減損損失を認識するかどうかの判定およびその測定に際して行われる資産のグルーピングは，他の資産または資産グループのキャッシュ・フローからおおむね独立したキャッシュ・フローを生み出す最小の単位で行う。資産グループについて認識された減損損失は，帳簿価額に基づく比例配分等の合理的な方法により，グループの各構成資産に配分する。

共用資産・のれんを含むより大きな単位について減損損失を認識するかどうかの判定にあたっては，共用資産・のれんを含まない対象について算定された減損損失控除前の帳簿価額に共用資産・のれんの帳簿価額を加えた金額と，割引前将来キャッシュ・フローの総額とを比較する。共用資産・のれんを加えることによって算定される減損損失の増加額は，原則として共用資産・のれんに配分する。

【設例】帳簿価額1,200千円の営業設備に減損の兆候がみられる。この設備から得られる将来キャッシュ・フローは，向こう4年間毎年200千円であり，合計800千円と見込まれる。また，設備の正味売却価額は，500千円と見込まれる。

　これより，以下の点について検討する。

① 当該設備の使用価値（割引率＝4％）
② 当該設備の回収可能価額
③ 当該設備の減損損失

① 割引前将来キャッシュ・フローは800千円であり，営業設備の帳簿価額（1,200千円）より低いので，減損損失の認識がなされる。ここで使用価値は次のように計算される（千円以下，四捨五入）。

$$使用価値 = \frac{200}{(1+0.04)} + \frac{200}{(1+0.04)^2} + \frac{200}{(1+0.04)^3} + \frac{200}{(1+0.04)^4}$$
$$= 726千円$$

② 回収可能価額は，使用価値（726千円）と正味売却価額（500千円）との高い方であるから使用価値の726千円となる。

③ 減損損失＝帳簿価額（1,200千円）－回収可能価額（726千円）＝474千円

Ⅲ　リース会計

1　リース取引の会計

(1) ファイナンス・リース取引

　リース取引とは，特定の物件の所有者たる貸手（レッサー）が，当該物件の借手（レッシー）に対し，合意された期間（リース期間）にわたりこれを使用収益する権利を与え，借手は合意された使用料（リース料）を貸手に支払う取引をいう。このリース取引には，ファイナンス・リース取引とオペレーティング・リース取引とが区別される。

ファイナンス・リース取引は、次の2つの要件を充たすリース取引である（リース会計基準5）。
① リース契約に基づくリース期間の中途においてこの契約を解除することのできない取引（解約不能、ノン・キャンセラブル）
② 借手が使用するリース物件からもたらされる経済的利益を実質的に享受することができるとともに、その使用に伴って生じるコストを実質的に負担することになるリース取引（フル・ペイアウト）

より具体的には、次の2つの判定基準のうちいずれかに該当するものがファイナンス・リース取引となる（同適用指針9）。
① リース料総額の割引現在価値が見積現金購入価額のおおむね90％以上であること（現在価値基準）
② 解約不能のリース期間が当該リース物件のおおむね75％以上であること（経済的耐用年数基準）

ファイナンス・リース取引については、通常の売買取引に係る方法に準じて会計処理を行う。借手のリース資産・リース債務の計上価額の算定にあたっては、原則として、契約締結時に合意されたリース料総額からこれに含まれている利息相当額の合理的見積額を控除する方法による。この利息相当額については、原則として、利息法によりリース期間にわたって配分する（同基準11）。

ただし、ファイナンス・リース取引には、リース契約上の諸条件（所有権移転条項・割安購入選択権・特別仕様物件）に照らしてリース物件の所有権が借手に移転すると認められる取引すなわち所有権移転ファイナンス・リース取引と、これ以外の所有権移転外ファイナンス・リース取引とに区別され、それぞれ具体的な会計処理が異なってくる。

(2) 所有権移転ファイナンス・リース取引

所有権移転ファイナンス・リース取引の場合、次の方法による（同適用指針37）。
① 借手において当該リース物件の貸手の購入価額が明らかな場合、当該価額による。
② 上記購入価額が明らかでない場合は、リース料総額の割引現在価値と見

積現金購入額とのいずれか低い額による。なお，割安購入選択権がある場合，リース料総額にその選択権行使額を含める。

(3) 所有権移転外ファイナンス・リース取引

所有権移転外ファイナンス・リース取引の場合，次の方法による（同適用指針22）。

① 借手において当該リース物件の貸手の購入価額が明らかな場合，リース料総額の割引現在価値と貸手の購入価額とのいずれか低い額による。

② 上記購入価額が明らかでない場合は，リース料総額の割引現在価値と見積現金購入額とのいずれか低い額による。

(4) リース資産の減価償却

① 所有権移転ファイナンス・リース取引に係るリース資産…自己所有の固定資産と同様の方法による。

② 所有権移転外ファイナンス・リース取引に係るリース資産…原則としてリース期間を耐用年数とし，残存価額をゼロとして算定する（同基準12）。

(5) リース資産総額が重要性に乏しい場合

次のいずれかの方法を適用することができる（同適用指針33）。

① リース料総額から利息相当額の合理的な見積額を控除しない方法（利子込み法）…この場合，リース資産およびリース債務はリース料総額で計上し，支払利息は計上せず減価償却費のみ計上する。

② 利息相当額の総額をリース期間中の各期に配分する方法（定額法）

(6) 貸手側の会計処理

リース取引開始日に，通常の売買取引に係る方法に準じた会計処理により，「リース債権」（所有権移転ファイナンス・リース取引）あるいは「リース投資資産」（所有権移転外ファイナンス・リース取引）として計上する。

貸手の利息相当額の総額は，契約締結時に合意されたリース料総額および見積残存価額の合計額から，これに対応するリース資産の取得原価を控除して算

定する。この利息相当額については，原則として，利息法によりリース期間にわたって配分する。また，1年以内に期限が到来するリース債権・リース投資資産は，流動資産に計上する（同基準13，14）。

(7) オペレーティング・リース取引

オペレーティング・リース取引については，通常の賃貸借取引に係る方法に準じて会計処理を行う。オペレーティング・リース取引のうち解約不能のものに係る未経過リース料は，1年以内のリース期間に係るものと，1年を超えるものとに区分して注記する。ただし，重要性が乏しい場合には，この注記を要しない（同基準15，22）。

2　リース取引の会計処理―借手側の処理―

ファイナンス・リース取引の会計処理にあたっては，リース資産・負債の貸借対照表価額を決定する必要がある。ここでは次のような所有権移転外リース取引についてみておこう。

【設例】A社は，以下のような設備の（所有権移転外）リース契約を結んだ。
① リース期間（解約不能）：4年
② リース料：年1回1,000千円
③ 実効利子率：年4％
④ 貸手の購入価額は不明，見積現金購入価額は，3,900千円

---

(1) リース取引の貸借対照表計上

所有権移転外リース取引の貸手の購入価額が不明の場合には，見積現金購入価額とリース料総額の現在価値とのいずれか低い価額をリース資産・リース債務の貸借対照表価額とする。ここでリース料総額の現在価値はいわば将来各期の支払リース料を一定の利子率で現在価値に割り引くことによって計算する。

$$\frac{1,000}{(1+0.04)}+\frac{1,000}{(1+0.04)^2}+\frac{1,000}{(1+0.04)^3}+\frac{1,000}{(1+0.04)^4}=3,629.85円$$

これより，小数点以下を四捨五入すれば，リース料総額の現在価値3,630千円は，見積現金購入価額3,900千円よりも低く，見積現金購入価額の90％以上であるので，ファイナンス・リースとしてこの金額がリース契約の貸借対照表価額となる。

(2) 支払利息の計算

毎期の支払利息は次表のように計算される（単位：千円—以下，省略）。

	期首元本	リース料	支払利息	元本返済	期末元本
1回目	3,630	1,000	145	855	2,775
2回目	2,775	1,000	111	889	1,886
3回目	1,886	1,000	75	925	962
4回目	962	1,000	38	962	0

この表において，1年目の計算を具体的に示せば，以下のようになる。

　　支払利息＝期首元本×実効利子率＝3,630×0.04＝145
　　元本返済＝リース料－支払利息＝1,000－145＝855
　　期末元本＝期首元本－元本返済＝3,630－855＝2,775

(3) 会計処理

所有権移転外リース取引では，減価償却費は残存価額をゼロとして計算する。すなわち，908（＝3,632÷4）となる（小数点以下四捨五入）。

これより，第1年度の仕訳は次のようになる。

　(1)（借）リース資産　　3,632　（貸）リース債務　　3,632
　(2)（借）リース債務　　　855　（貸）現　　　金　　1,000
　　　　　支払利息　　　145
　(3)（借）減価償却費　　　908　（貸）減価償却累計額　　908

所有権移転リース取引であれば，減価償却費は取得原価から残存価額を考慮して算定することになる。

3 リース取引の貸借対照表計上の意義

　リース会計は当該ファイナンス・リース取引によって発生する将来のリース料支払義務に関する（従来，隠れていた）負債を，当該リース資産の貸手の購入価額あるいは見積購入価額を上限として認識計上するものでもある。そして，リース資産については期間の経過に伴い減価償却がなされるとともに，リース債務についてはリース料の支払に伴い減額される。リース資産およびリース債務を貸借対照表に計上することは，企業の財政状態に関する判断をより的確ならしめ，企業の実態をより適切に開示することとなる。ここでは次のような例を考えよう（リース取引＝8,000千円—単位千円，以下省略—とする）。

貸借対照表（リース取引非計上）

諸資産	22,000	諸負債	12,000
		純資産	10,000
		（うち当期純利益	3,000）
	22,000		22,000

貸借対照表（リース取引計上）

諸資産	22,000	諸負債	12,000
リース資産	8,000	リース債務	8,000
		純資産	10,000
		（うち当期純利益	3,000）
	30,000		30,000

　これより，リース取引を計上する（オンバランス）場合と計上しない（オフバランス）場合とについて，自己資本（純資産）当期純利益率，総資本当期純利益率，総資本負債比率について比較すれば次のようになる。

比率	リース取引非計上	リース取引計上
自己資本当期純利益率	30%	30%
総資本当期純利益率	13.6%	10%
総資本負債比率	54.5%	66.6%

これより，リース取引非計上の場合と計上の場合とでは，自己資本当期純利益率は同じであり，株主にとってはとくに問題はない。総資本当期純利益率および総資本負債比率からは，リース取引計上の場合債権者等の各種利害関係者にとって企業の負担が明確化され，投資家にとって当該企業に関するリスクが明らかとなる。経営者にとっては負債の縮小あるいは当期純利益の一層の増大の必要性が明らかとなる。リース取引の計上は，とくに非計上の場合に隠れていた負債を明示することになり，投資家等各種利害関係者に有用な情報となる。

Ⅳ 退職給付会計

1 個別財務諸表における退職給付会計

退職給付とは，一定の期間にわたり労働を提供したこと等の事由に基づいて退職以後に従業員に支給される給付であり，退職一時金および退職年金等がその典型である。このような退職給付に係る債務に対して，企業は，退職給付に充てるため年金資産を外部に積み立てている。

退職給付債務よりも年金資産のほうが大きければ，その超過分は資金的に余裕があることになり，「前払年金費用」として資産計上する。逆に，退職給付債務が年金資産よりも大きい場合，個別財務諸表では年金財源の不足分を「退職給付引当金」として計上する。その場合に，退職給付債務の増減等に関する未認識項目（未認識過去勤務債務・未認識数理計算上の差異）が加減される。これより，退職給付引当金は，次のように算定される。

退職給付引当金＝退職給付債務－年金資産±未認識過去勤務債務
・未認識数理計算上の差異

退職給付に係る費用は，基本的に次のように算定される。

退職給付費用＝勤務費用＋利息費用－期待運用収益相当額
　　　　　　±過去勤務債務・数理計算上の差異に係る費用処理額

これより退職給付費用と退職給付引当金との基本的関係について関連項目順に対比すれば，図表13-2のように示されるであろう。

図表13-2　退職給付費用と退職給付引当金との基本的関係（個別財務諸表）

勤務費用＋利息費用	退職給付債務
－期待運用収益相当額	－年金資産
±過去勤務債務・数理計算上の差異償却額	±未認識の過去勤務債務・未認識数理計算上の差異
＝退職給付費用	＝退職給付引当金

（または前払年金費用：借方資産計上）

2　退職給付引当金の処理

退職給付会計には次のような項目がかかわる。

(1) 退職給付債務と年金資産の評価
① 「退職給付債務」は，退職時に見込まれる退職給付総額のうち，期末までに発生していると認められる額であり，予想退職時から現在までの期間（残存勤務期間）に基づく割引計算によって測定される。
② 年金資産の額は，期末における公正な評価額すなわち時価により計算する。
③ 「期待運用収益相当額」は，年金資産の運用により生じると期待される収益であり，期首の年金資産の額について合理的に予測される収益率（期待運用収益率）を乗じて計算する。

(2) 勤務費用と利息費用
① 「勤務費用」は，一期間の労働の対価として発生したと認められる退職給付をいい，退職給付見込額のうち当期に発生したと認められる額であり，割引計算により求められる。
② 「利息費用」は，割引計算により算定された期首退職給付債務について，期末までの時の経過により発生する計算上の利息である（利息費用＝期首退職給付債務×割引率）。

(3) 過去勤務債務および数理計算上の差異
① 「過去勤務債務」は退職給付水準の改訂に起因して発生した退職給付債務の増減部分である。
② 「数理計算上の差異」は，年金資産運用収益の期待と実際との差異，退職給付債務の数理計算に用いた見積数値と実際との差異および見積数値の変更等により発生した差異である。

過去勤務債務および数理計算上の差異は，原則として，各期の発生額について平均残存勤務期間以内の一定の年数で均等償却する。この過去勤務債務・数理計算上の差異償却額もまた退職給付費用に含まれる。
③ 「未認識過去勤務債務」・「未認識数理計算上の差異」は，過去勤務債務・数理計算上の差異のうち費用処理されていないものである。

【設例】下記の条件に基づいて，(1)社員Aの毎期の退職給付費用を計算し，(2)各期の仕訳を示しなさい。
① 社員Aは，3年間勤務し，退職一時金を318,270円受け取る。
② 退職金の毎期の発生額は，勤務期間に比例して均等に発生する。
③ 割引率は3％とする。
④ 過去勤務債務，数理計算上の差異は考慮しなくてもよい。

この設例では退職給付計算の基本構造を理解するために，退職一時金のみを取りあげている。退職一時金は318,270円であるので，これの毎期均等額は106,090円（＝318,270円÷3）である。

① 勤務1年目の勤務費用は，第1期勤務したことにより2年後に退職金均等額106,090円となる分の第1期末の現在価値は2期分だけ割り引く。

106,090円÷$(1+0.03)^2$＝92,455.63円

勤務1年目は，まだ利息費用は生じないので，この勤務費用が退職給付費用となる。

② 勤務2年目は，退職金均等額を1期分だけ割り引く。

勤務費用＝106,090円÷$(1+0.03)$＝103,000円

利息費用は，期首（第1年目）退職給付債務（100,000円）の3％である。

利息費用＝100,000円×0.03＝3,000円

退職給付費用＝勤務費用＋利息費用＝103,000円＋3,000円
　　　　　　＝106,000円

退職給付債務合計額＝第1年目退職給付債務＋第2年目退職給付費用
　　　　　　　　　＝100,000円＋106,000円＝206,000円

勤務3年目も同様の計算を行う。なお，このときの利息費用は次のように計算される。

利息費用＝第2年目退職給付債務合計額206,000円×0.03
　　　　＝6,180円

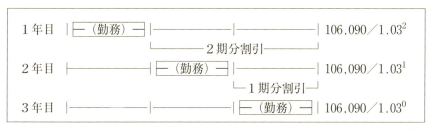

③ 勤務3目の勤務費用は，退職金均等額を0期分割り引く（$((1+0.03)^0$＝1)。すなわち，第3期退職金均等額と等しくなる。

勤務費用＝106,090円÷$(1+0.03)^0$＝106,090円

利息費用は，期首退職給付債務（206,000円）の3％である。

利息費用＝206,090円＋ ×0.03＝6,180円

退職給付費用＝勤務費用＋利息費用
　　　　　＝106,090円＋6,180円＝112,270円
退職給付債務合計額＝第2年目退職給付債務＋第3年目退職給付費用
　　　　　　　　　＝206,000円＋112,270円＝318,270円

以上の計算は次のように一覧表示される（単位円―以下，省略）。

	勤務費用	利息費用	退職給付費用	退職給付債務
1年目	100,000円	……	100,000円	100,000円
2年目	103,000円	3,000円	106,000円	206,000円
3年目	106,090円	6,180円	112,270円	318,270円

各期の仕訳は次のようになる。
　1年目　（借）退職給付費用　100,000　（貸）退職給付引当金　100,000
　2年目　（借）退職給付費用　106,000　（貸）退職給付引当金　106,000
　3年目　（借）退職給付費用　112,270　（貸）退職給付引当金　112,270
さらに，当期の年金・掛金支払額等について処理がなされ，最終的に退職給付費用および退職給付引当金が確定・計上される。

3　連結財務諸表における処理

連結財務諸表に関しては，「退職給付に係る負債」と「退職給付に係る資産」とが固定負債とその他投資資産とにそれぞれ計上される。

　退職給付に係る負債＝退職給付債務－年金資産
　退職給付に係る資産＝未認識数理計算上の差異＋未認識過去勤務費用

未認識数理計算上の差異・未認識過去勤務費用については，税効果を調整して，純資産の部のその他包括利益累計額に「退職給付に係る調整累計額」として計上する。また，当期に発生した未認識数理計算上の差異・未認識過去勤務費用ならびに当期に費用処理された組替調整額については，その他の包括利益に「退職給付に係る調整額」として一括計上する（退職給付会計基準27，28）。

V 資産除去債務の会計

　資産の使用後に当該資産の解体・除去に巨額の支出（資産除去支出）を要することがある。この資産使用後の資産除去支出をその使用期間にわたって均等に配分し引当計上することも考えられる。しかし，この方法では，巨額の資産除去費用の将来における負担を当初は必ずしも十分に表出しえないこととなる。

　資産除去債務の会計では，それが発生したときに有形固定資産の除去に要する将来キャッシュ・フローを見積り，これを現在価値割引後の金額で負債計上し，これと同額を関連する有形固定資産の帳簿価額に加えるという，資産・負債の両建処理がなされる。ここでは次のような例を考えよう（資産除去債務会計基準6，7，同適用指針【設例1】）。

> 【設例】A社は設備を期首に600,000千円で取得した（耐用年数3年，残存価額0）が，同設備は使用後に除却する法的義務がある。その除去にあたっては，30,000千円を要すると見積られている。減価償却は定額法による。割引利子率は3％とする。

　資産除去債務の期首現在価値は次のように計算される。
　期首：$30,000 千円 \div (1+0.03)^3 = 27,454 千円$
同様に，第1期末および第2期末の現在価値は各期首現在価値を経過期間分だけ割増しすることによって算定される。
　第1期末：$27,454 千円 \times (1+0.03) = 28,277 千円$
　第2期末：$28,277 千円 \times (1+0.03) = 29,126 千円$
　各期の資産除去債務の差額は利息費用であり，これは各期首現在価値について利子率を乗じた金額と等しくなる（小数点以下，四捨五入）。
　第1期末：$27,454 千円 \times 0.03 = 824 千円$
　第2期末：$28,277 千円 \times 0.03 = 848 千円$
　第3期末：$29,126 千円 \times 0.03 = 874 千円$
この利息費用は，資産除去債務の金利調整額を意味する（同基準9）。このよ

うな資産除去債務の計算と割引計算によらない伝統的な引当金方式による引当金額と比較すれば、次の図表のようになる。これからも明らかなように、資産除去債務会計のほうが、将来における資産除去支出に関する債務をより早期に認識計上することとなる。

(単位：千円)

	期首	1期末	2期末	3期末
伝統的引当金方式	—	10,000	20,000	30000
資産除去債務	27,454	28,278	29,126	30,000
利息費用	—	824	848	874

これより、期首の工場設備取得時点では、この資産除去債務の現在価値が負債に計上されるとともに、工場設備には取得原価とこの債務の現在価値との合計金額が計上される（両建処理）。

期首 (借) 有形固定資産 627,454 (貸) 現 金 預 金 600,000
　　　　　（設　備）　　　　　　　　　　資 産 除 去 債 務 27,454

第1期末には、この工場設備の帳簿価額627,454千円に基づいて減価償却費209,151千円（＝627,454÷3）が計上される。この費用額および資産額について一覧表示すれば次の図表のように示される。

(単位：千円)

	期首	1期末	2期末	3期末
減価償却費		209,151	209,151	209,152
利息費用		824	848	874
費用合計		209,975	209,999	210,026
資産額	627,454	627,454	627,454	627,454
減価償却累計額		209,151	418,302	627,454
資産残存価額	627,454	418,303	209,152	0

これより，各期末および除却時に関して，以下のように仕訳される．

　1期末（借）減 価 償 却 費　209,151　（貸）減価償却累計額　209,151
　　　　　　　利　息　費　用　　　824　　　　資 産 除 去 債 務　　　824
　2期末（借）減 価 償 却 費　209,151　（貸）減価償却累計額　209,151
　　　　　　　利　息　費　用　　　848　　　　資 産 除 去 債 務　　　848
　3期末（借）減 価 償 却 費　209,151　（貸）減価償却累計額　209,151
　　　　　　　利　息　費　用　　　874　　　　資 産 除 去 債 務　　　874
　除去時（借）資 産 除 去 債 務　30,000　（貸）現　金　預　金　30,000

　なお，除去時に除去に係る支出が当初の見積りを上回った場合にはその差額（履行差額）は費用計上する．

　資産除去債務は期間の経過とともにその増加額（＝利息費用）が固定負債に累計されていくこととなる．1年以内に履行されると認められるものは流動負債に計上する．

　このように資産除去債務の会計では，両建処理法により資産除去債務と同額だけ当該資産の貸借対照表価額が増額される．この貸借対照表価額の増額は，いわば減価償却計算の要償却額の計算におけるマイナスの残存価額あるいは将来の解体費用（処分価額）の加算としてとらえられる．それとともに，資産除去債務を計上することにより認められる当該資産の固有の使用権（の資産計上分）として理解することもできるであろう．

VI　現在価値と混合測定

　わが国の減損会計では，国際会計基準と同様，回収可能価額の算定にあたり，使用価値としてその資産の将来キャッシュ・フロー（たとえば当該資産の減価償却費プラス営業利益の見積額）の割引現在価値が用いられる．これに対し，米国基準では，企業固有の経営者の視点から見積られる使用価値は採用されず，市場参加者の視点から算定される公正価値が採用される．

　退職給付会計では，ある意味において企業の従業員の将来の退職給付の割引現在価値が用いられる．それは，市場参加者の視点というよりも企業固有の将

来キャッシュ・フローに基づくものとみられる。リース会計においても将来の支払リース料については企業固有のリース契約から見積られる。

わが国の資産除去債務基準では「資産除去債務はそれが発生したときに，有形固定資産の除去に要する割引前の将来キャッシュ・フローを見積り，割引後の金額（割引価値）で算定する。」そして，「割引前の将来キャッシュ・フローは合理的で説明可能な仮定及び予測に基づく自己の支出見積り」により，また「割引率は，貨幣の時間価値を反映した無リスクの税引前の利率」が用いられる（同基準第6項）。

資産除去債務では，割引前将来キャッシュ・フローについて市場の評価を反映した金額により，割引率についても信用リスクを調整したものを用いるという考え方もあるが，それは検討の結果，採用されるに至っていない（同基準第36項—40項）。したがって，わが国の資産除去債務基準では公正価値よりもむしろ企業固有の現在価値が指示されているとみられる。

このようにわが国の現在価値基準は，市場参加者の視点による市場関連的な公正価値（としての現在価値：Vgl.FASB2001a：長谷川2015, 362-372頁）よりも，むしろ企業固有のあるいは経営者の視点による企業体関連的な現在価値がおもに採用されているとみてよいであろう。

第14章

IFRS会計と公正価値測定
―現代会計観の拡張―

I 現代会計観の拡張

　伝統的財務会計は,「企業会計原則」にみられるように取得原価主義会計に基礎をおいていたといってよいであろう。これに対し,現代会計では,1998年の「連結財務諸表原則」改正を契機として,国際的な会計基準との調和化からさらに国際会計基準との収斂ないし統一化（コンバージェンス）のもとに,取得原価だけでなく時価さらには現在価値を含む混合測定（hybrid measurement）が会計測定の基本的特徴となっている。

　その背景には,ドイツ語圏では動的会計観から未来指向的会計観（あるいは新静的・資本理論的会計観）への重点移行がみられ,また英米型会計では収益費用アプローチから資産負債アプローチへの重点移行がみられたことがあげられよう（郡司2006, 27-28頁）。

　しかし,現代会計が未来指向的会計観あるいは資産負債アプローチへ完全に移行したわけではない。ある意味において,混合測定ないし混合会計（hybrid accounting）観は,動的会計観・収益費用アプローチと未来指向的会計観・資産負債アプローチとの混成・混合からなるものとしてとらえられる。

　他方,国際会計基準（国際財務報告基準 IFRS）では,これまで各種基準において断片的に適用されてきた公正価値測定（fair value measurement）が,米国基準（FASB）との調整の結果,IFRS 第13号「公正価値測定」（IASB2012）によって,本格的に適用が求められるようになってきた。このような公正価値測定は,資産負債アプローチと関連づけられることが多い。公正価値測定の根底には公正価値会計観とでも呼ぶべき会計観が伏在するとみられる。

しかし，収益費用アプローチと対比される資産負債アプローチは最初から公正価値会計と必ずしも直結していたわけではない。また，現行のIFRSの公正価値測定基準が会計領域の全般に全面的に適用されるわけでもない。

混合測定は取得原価を中心にさらに時価・現在価値を導入することから，あくまでも主観（主体）的価値にむしろ基礎をおいているとみられなくもない。これに対し，公正価値はむしろ出口価格としての市場価格を基礎する。それはかつての財産計算目的ないし静的会計観における売却価値ないし客観（客体）的価値とも相通ずるものがある（吉田1973，102-110頁参照；郡司2016b，4頁）。

しかし，IFRSの公正価値測定は，すべての会計領域に全面的に適用されるのではなく，部分的に適用されるため，混合的測定から公正価値測定へ全面的に移行するわけではない。それゆえ，現代会計観に関しては混合会計観から公正価値会計観を包含した会計観への拡張としてとらえられるであろう。

図表14-1　現代会計観の拡張

このように，現代会計では，動的会計観・収益費用アプローチから未来指向的会計観・資産負債アプローチへの重点移行に加えて，それを支える基礎となった混合会計観からIFRS等によって展開される公正価値会計観の包含へと現代会計観の拡張が見いだされる。それはまた新たな混合会計（広義）の展開（拡張）としても理解されうる。しかし，ここでは（狭義の）混合会計観と公正価値会計観との両者の違いを際立たせるために，その対比の形で検討していきたい。

II　伝統的会計と混合会計観

　伝統的な財務会計の基礎理論ともいうべき動態論（動的会計学）の本流は，取得原価主義会計に基礎をおいてきたといっても過言ではない。ドイツ語圏では，その後，このような動的会計観に対し，情報論的・意思決定論的観点から未来指向的貸借対照表を展開する試みが多くなされてきた。そのような未来指向的会計観の嚆矢となったのはスイスのケーファー（K. Käfer）による未来指向的貸借対照表に見いだすことができる（Käfer1976.；郡司1992, 1－2章参照）。

　時価会計の導入にあたっては，ドイツ会計学だけでなく米国会計学においても経済的利益概念あるいは割引現在価値の代替尺度としてそれが検討された経緯がある。そこでは，当初から時価会計ないし時価基準が直截的に提唱されたわけではない。明らかに理想としての経済的利益概念ないし割引現在価値を介してその代替尺度として時価あるいは取得原価の適用が提唱された。現代会計においては，例えば減損会計と減価償却計算とが併存している。減価償却計算は費用配分思考に基づく。資産負債アプローチでは極論すれば資産の減損がみられない限り，減価償却は必要ないと解される。減損会計と減価償却計算の併存はある意味において収益費用アプローチと資産負債アプローチとが併存しており，いわば両アプローチの混合は混合会計とでも呼ぶことができるであろう。

　混合会計という場合，たんに混合測定の会計というだけでなく，収益費用アプローチと資産負債アプローチとの混合アプローチの会計としてもとらえることができるであろう。また，資産負債アプローチが時価の導入を指向したことは明らかであるが，当初から公正価値測定への指向性は含まれていたとしても，とくに全面的な公正価値測定ないし公正価値会計のみを指向していたと断言することはできないであろう。

　現代の企業会計が，国際会計基準や米国会計基準のみを採用しているわけではない。むしろ大半の企業（会計）は国内基準（企業会計基準・企業会計原則・会社法会計等）に準拠している。もちろん，下請企業としての中小企業は発注元の企業の影響を大きく受けるであろうし，海外進出する中小企業も国際的会計基準の影響を大きく受ける。とはいえ，少なくとも現在のところ，混合測定

を中心としているとみられる。

　しかも，たとえば，ドイツの商法会計は先の改正（会計現代化法，BilMoG）において，IFRS をより簡素化した形で行った。それにより，長期の引当金については過去7年間の平均市場利子率で割引計算することを求めるなど，時価・現在価値等の容認・導入を図った。これにより混合測定へ重点移行しつつも，原則はあくまで取得原価主義であるとした（Zwirner2009, S.3-14. 郡司2011, 114-115頁）。

　わが国の制度会計（国内基準）もまた，企業会計原則が基底的に存続しており，同様に取得原価主義は完全に放棄されているわけではない。このように混合会計観では割引現在価値を包含しつつも取得原価も存続しているのである。そこではかつてのような厳密な意味における取得原価主義会計ではなく，混合測定・混合会計を前提としたうえで取得原価を原則として保持しているとみることもできる。

　そこにおける現在価値は，例えば減損会計基準における使用価値が典型的であるように企業固有のあるいは経営者のキャッシュ・フロー（減価償却費＋営業利益）見積額を長期国債の金利を利子率として現在価値に割り引くような計算がなされる。それは，期間の経過とともに再確認・検証可能であり，これに関する企業あるいは経営者の責任評価と是正は可能である。リース会計における支払リース料も，資産除去債務における将来の資産除去支払額も同様に期間の経過とともに検証可能であり，是正可能である。現在価値計算そのものもそれほど複雑ではない。これにより企業あるいは経営者の予測および実際の結果責任は明確に把握されるという利点があるであろう。このように混合会計では少なくとも企業固有ないし経営者の責任のもとにまさに企業体関連的ないし経営者関連的現在価値がおもに関連してきた。

Ⅲ　公正価値測定の展開

1　FASB の公正価値測定

　FASB の概念フレームワーク第7号（SFAC No.7）「会計測定におけるキャッ

シュ・フロー情報と現在価値の適用」は，市場価格を中心とする公正価値測定を重視し，現在価値測定をその一部に包含することを提唱した（FASB2000；郡司2006，28-40頁）。

FASBのSFAC7における現在価値に関しては，とりあえず，①公正価値としての市場関連的な現在価値と，②使用価値にみられるような経営者関連的ないし企業体関連的としての現在価値とが区別された。公正価値に関しては①の市場関連的な現在価値のみが認められた（FASB 2000；郡司2006，37-38頁）。

IASでは，減損会計にうかがえるように，企業体関連的な現在価値である「使用価値」が採用されている（IASC,1998b,par.5）。これに対し，FASBでは減損会計において公正価値のみが採用され，使用価値は採用されない（FASB2001b）。

②の使用価値にみられるような現在価値は，経営者あるいは主体（実体あるいは企業体の立場）関連的な現在価値としてとらえられる。従来，将来キャッシュ・フローの見積りは，経営者の視点によって，あるいはそれを反映する企業自身の立場によって，最もよくなされると考えられてきた。

これに対し，①の現在価値は，市場という客体関連的な現在価値としてとらえられるであろう。しかも，その客体（市場）関連性は，当初認識による会計測定からさらにフレッシュ・スタート測定を通じて再確認され客観化されることにより，付与される。このことは，本来の（狭義の）公正価値（市場価格）にとくによくあてはまる。それとともに，公正価値測定は，そのつどの市場価格の変動を取り入れること，ないしは，フレッシュ・スタート測定により，確保されると考えられる（郡司2006，38頁）。

2　IFRSの公正価値測定基準の設定

(1) 公表の意図

IASBは，2011年5月にIFRS第13号「公正価値測定」を公表した（IASB2012）。この基準は財務報告のための公正価値の測定方法を説明している。すでに他のIFRSで要求または許容しているもの以外の公正価値測定を要求するものではなく，財務報告外での評価基準を設定することや評価実務に影響を与えること意図したものではない，としている（par.IN4）。ここでは公正

価値測定が限定的であることを明らかにしている。

(2) 公正価値の定義と測定

IFRS第13号は，公正価値を「測定日時点で，市場参加者間の秩序ある取引において，資産を売却するために受け取るであろう価格または負債を移転するために支払うであろう価格」(すなわち出口価格) とする (par.IN8)。この公正価値の定義では，公正価値は市場を基礎とした測定であり，企業固有の測定ではないことを強調している。

(3) 適用の範囲 (適用除外)

この基準は，他の IFRS が公正価値測定およびその開示を要求または許容している場合に適用される。そして，この測定は次のものには適用されないことを明示している (par.6)。

① IFRS 第2号「株式報酬」の範囲内の株式報酬取引
② IAS 第17号「リース」の範囲内のリース取引
③ IAS 第2号「棚卸資産」における情味実現可能価額，IAS 第36号「資産の減損」における使用価値

3　IFRS 公正価値測定基準の適用

(1) 取　引

公正価値測定は，当該資産または負債が，現在の市場の状況で測定日に当該資産の売却または当該負債の移転を行う市場参加者間の秩序ある取引において交換されると仮定する (par.15)。また，資産の売却または負債の移転の取引は，その資産または負債に関する主要な市場あるいはそれがない場合には最も有利な市場において発生すると仮定する (par.16)。反証がなければ，企業が通常行っている市場が，主要な市場あるいは最も有利な市場と推定される (par.17)。

(2) 市場参加者

そして，企業は，資産または負債の公正価値の測定を，市場参加者が当該資産の売却または負債の価格付けを行う際に用いる仮定を用いて，市場参加者が

自らの経済的利益が最大になるように行動すると仮定して行わなければならない（par.22）。

(3) 価　　格

公正価値は，現在の市場の状況の下での測定日における，主要な（または最も有利な）市場での秩序ある取引において，資産を売却するために受け取るであろう価格または負債を移転するために支払うであろう価格（すなわち出口価格）である。その価格が直接観察可能であるのか他の評価技法を用いて見積られるのかは関係がない（par.24）。

4　当初認識時における公正価値

資産または負債の公正価値は資産を売却するために受け取る価格または負債を移転するために支払う価格（出口価格）である。他方，資産または負債の交換取引で資産の取得または負債の引受けが行われる場合には，取引価格は当該資産を取得するために支払う価格または当該資産を引き受けるために受け取るであろう価格（入口価格）である。企業のその交換取引において，両者は必ずしも等しくない（par.57）。しかし，取引価格が公正価値と等しくなる場合も多い（例えば，取引日においてある資産の購入取引が，その売却市場で行われる場合）(par.58）。

他のIFRSが当初において公正価値で測定すること（当初測定）を要求または許容していて，取引価格が公正価値と異なる場合には，別段の定めがない限り，それより生じる利得または損失を純損益に認識しければならない（par.60）。当初認識時に公正価値が取引価格に等しいかどうか判断する際には，企業はその取引および資産または負債に固有の要因を考慮に入れなければならない（par.58:par.B4）

5　評価技法

(1)　公正価値測定のアプローチ

公正価値測定の目的は，現在の市場の状況において測定日に，市場参加者間の秩序ある取引において，資産を売却するために受け取るであろう価格を見積

ることである。評価技法の決定にあたっては，市場参加者の資産・負債の価格付けを行う際に用いる仮定を表すインプットを設定するためのデータの入手可能性，およびそのインプットが区分される公正価値ヒエラルキーのレベルを考慮する（par.B2）。

(2) 評価技法

企業は，公正価値を測定するために，状況に適合し，十分なデータが利用可能な評価技法を使用しなければならない（par.61）。公正価値を測定するための評価技法は，関連性のある観察可能なインプットの使用を最大限にし，観察可能でないインプットの使用を最小限にしなければならない（par.61・67）。

図表14-2	評価技法（3つのアプローチ）
マーケット・アプローチ	・同一または比較可能な（類似の）資産・負債にかかわる市場取引で生み出される価格その他関連性ある情報を用いる（par.B5）。 ・これには，複数の類似資産から算出される市場倍率（par.B6）やマトリクス・プライシングが含まれる（par.B7）。
コスト・アプローチ	・資産の用役能力を再調達するために現在必要となる金額（現在再調達原価と呼ばれることが多い）を反映する（par.B8）。 ・市場参加者の効用が同等となる代替資産の購入・建設コストを陳腐化について調整した金額を基礎とする。多くの場合，現在再調達原価法は，他の資産・負債との組み合わせで使用される有形固定資産の公正価値の測定に使用される（par.B9）。
インカム・アプローチ	・将来の金額（例えば，キャッシュ・フローや収益・費用）を単一の現在の（割引）額に変換する。この場合，将来金額に関する現在の市場期待を反映する（par.B10）。 ・適用可能な評価技法の例；①現在価値技法，②オプション価格算定モデル，③多期間超過収益法（par.B11）。

(3) 公正価値ヒエラルキー

公正価値測定およびそれに関する開示の首尾一貫性と比較可能性を向上させるために，本基準は公正価値ヒエラルキーを設け，公正価値を測定するために用いる評価技法へのインプットを3つのレベルに区分している（par.72）。

図表14-3　公正価値ヒエラルキーのレベル

レベル1	・同一の資産・負債に関する活発な市場における（無調整の）相場価格（最も高い優先順位）（par.76） 〈金融商品の観察可能かもしれない市場の例〉①取引所市場，②ディーラー市場，③ブローカー市場，④相対市場（par.B34）
レベル2	・レベル1に含まれる相場価格以外のインプットのうち，資産・負債について直接または間接に観察可能なもの（par.81）。レベル2のインプットには次のものが含まれる（par.82）。①活発な市場における類似の資産・負債に関する相場価格，②活発でない市場における同一または類似の資産・負債に関する相場価格，③相場価格以外の観察可能なインプット（たとえば，観察可能な金利およびイールド・カーブ，インプライド・ボラティリティ，信用スプレッド），④市場の裏付けのあるインプット
レベル3	・観察可能でないインプット（最も低い優先順位） そのインプットの例としては，長期の通貨スワップは各国のイールド・カーブから計算されるスワップ金利，3年物の上場株式オプション，観察可能な裏づけのないデータ，企業結合で引き受けた廃棄債務は債務履行のキャッシュ・アウトフローについての企業自身のデータを用いた現在の見積り，資金生成単位については企業自身のデータを用いて作成した財務予測（たとえば，キャッシュ・フローまたは純損益の予測：市場参加者が異なる仮定を用いるであろうことを示す合理的に利用可能な情報がない場合に用いる）（par.B36）

　ここで，レベル2とレベル3においてさらに資金生成単位（cash generating unit）の例があげられている。これは減損会計等への公正価値測定の適用等にあてはまるであろう。したがって，減損会計の公正価値測定については，レベル1の市場価格が存在しない場合，レベル2で，資金生成単位おける観察可能な市場データから算出される評価倍率（利益・収益等の業績指標）が用いられる。しかし，それが可能でない場合，レベル3として，資金生成単位について企業自身のデータを用いて作成した財務予測（たとえば，キャッシュ・フローまたは純損益の予測）が，市場参加者が異なる仮定を用いるであろうことを示す合理的に利用可能な情報がない場合に，公正価値として用いられることとなる。

　また，レベル3の企業結合で引き受けた廃棄債務は債務履行のキャッシュ・アウトフローについての企業自身のデータを用いた現在の見積りを認めている

が，これは資産除去債務にもかかわるものとみられる（par.81）。

Ⅳ　混合会計観と公正価値会計観

　IFRS 第13号では，この公正価値測定を会計測定の全体に適用するのではなく，金融資産または金融負債さらにはすでに公正価値が織り込まれている基準を中心に制限的（限定的）に適用することとなった（IASB2012, par.6）。そして，この基準は，減損会計における使用価値や棚卸資産における正味実現可能額のように公正価値測定と異なる測定には適用されないことを明記している。このことは，IFRS 公正価値測定基準が企業固有の価値の測定を中心とするものには適用されないことを示唆している。それとともに，IFRS では企業固有の（企業体関連的な）現在価値等の使用・存続が認められる。リース会計（将来リース料の割引現在価値）も同様（適用外）であろう（IASB2012, par.6）。将来のリース料は当事者間の契約によるいわば企業固有のキャッシュ・フローであり，市場において決定されるものではない。

　また，わが国の資産除去債務会計では，前章でみたように公正価値よりもむしろ企業固有の現在価値を採用しているとみられる。このような企業体関連的な（資産除去支出見積額の）現在価値は，IFRS における公正価値と乖離することになる（Vgl.FASB2001a：長谷川2015, 362-372頁）。以上の検討から，混合会計と公正価値会計とについて対比すれば次の図表14-4のようになるであろう。

　IFRS では，現在のところ，公正価値測定ないし公正価値会計を全面的に適用するのではなく，混合測定ないし混合会計との「棲み分け」ないし「補完」を示唆・容認しているとみることも可能であろう。

　それとともに，公正価値会計は，おもに企業結合会計やファイナンス関係の領域に適用される。しかも，これらの領域は，将来に向けてさらにニュー・ビジネス，ニュー・マーケット，ニュー・エンタープライズにまで拡がりをもつとみられる（郡司2016b, 31-32頁）。そのような取引・事象については公正価値会計のほうがむしろ有用であると思われる。

第14章 IFRS会計と公正価値測定—現代会計観の拡張— 183

| 図表14-4 | 混合会計観と公正価値会計観 |

		混合会計観（狭義）	公正価値会計観
立場等		企業固有・経営者の視点，主体的（主観的）測定評価	市場参加者間の秩序ある取引の視点，客体的（客観的）測定評価
	立場	企業体中心（企業体関連的）	市場中心（市場関連的）
	視点	経営者の視点	市場参加者の視点
	観点	主観的（主体的）	客観的（客体的）
測定基準		〈混合測定(狭義)〉 ・取得原価・再調達原価・取替原価（入口価格） ・売却価値（市場価格） ・企業体関連的現在価値	〈公正価値測定〉 市場価格（出口価格）（レベル1） 観察可能な類似市場価格（レベル2） 市場関連的価値評価技法（レベル3）
	原価	取得原価（入口価格・出口価格）	過去の公正価値（出口価格中心）
	時価	再調達原価・取替原価（購入市場価格＝入口価格）	現在再調達原価（他の資産と組み合せ使用）〈コスト・アプローチ〉
		正味売却価格（売却市場価格＝出口価格）	秩序的な市場価格（出口価格）〈マーケット・アプローチ〉
	現在価値	企業固有または経営者の見積；期待値・最尤値（最頻値）・無リスク利子率	市場（参加者）の観点からの見積；期待値・リスク調整利子率・各種評価モデル（期待現在価値評価モデルを含む）〈インカム・アプローチ〉
適用領域		国内会計基準・公正価値非適用領域	金融商品・企業結合・公正価値既適用領域

　IFRS公正価値会計が適用されない領域は，まさに企業固有（企業体関連的）の，あるいはその具体的存在としての経営者の視点からの測定であり，それゆえ，主観的（主体的）である。しかし，例えば取得原価（取引価額）には当該資産・負債について証憑書類等が存在し，むしろ客観的で検証可能な資料によって支えられている。現在価値の場合でも，そこにおけるキャッシュ・フローの見積りや割引率の設定は一定の根拠を有するものであり，より具体的には経営者の責任のもとに計算され，期間の経過とともにその責任は明確化され

る。

　現代会計において混合測定・混合会計は今後とも重要であり，とくに実体空間にかかわる領域においては，公正価値会計を指向するよりもむしろ，目的適合性と表現の忠実性の観点から公正価値会計と混合会計とのより目的に適合した組み合わせがなされるべきであろう（松本2015, 13-25頁参照）。

　公正価値会計には新たなビジネス領域において一層重要な役割が期待される。その意味においても，今後，（狭義の）混合会計と公正価値会計との役割分担・相互補完が重要であり，そのような（広義の）混合会計の展開が注目される（郡司2016a, 9頁）。

| 第15章

財務報告分析の基礎

I 基本財務諸表の分析

1 貸借対照表の分析―財務構造分析―

　貸借対照表は企業の財政状態・財務構造を表示する。このことから，(1)流動性（短期支払能力）と(2)安定性（長期支払能力）の分析を通じて，その企業の財務的健全性の判断が可能となる。

(1) 流動性の分析

　企業の流動性は，流動資産と流動負債との関係に基づいて判断され，おもに短期支払能力の判断に役立つ。すなわち，短期に流動化する流動資産は短期に返済を要する流動負債よりも大きいことが望ましい。

　　　流動資産＞流動負債

　この関係は次のような流動比率として示される。

$$流動比率 = \frac{流動資産}{流動負債} \times 100 （\%）$$

　流動資産と流動負債との良好な関係が成り立つためには，この流動比率は100％を超えることが必要であり，200％が理想とされる。

　ところで，流動資産は当座資産・棚卸資産・その他の流動資産に区分できる。棚卸資産は，流動負債の返済に直接充当することはできない。棚卸資産は販売（売却）されてはじめて当座資産となる。流動負債の返済のためには，当座資

産がある程度の大きさを保つことが必要である。この関係は，次のような当座比率によって示される。

$$当座比率 = \frac{当座資産}{流動負債} \times 100 \ (\%)$$

この比率は100％以上であることが望まれる。この比率はまた，短期支払能力に関して流動比率に対する酸性試験（リトマス試験）の役割を果たすところから，酸性試験比率とも呼ばれる。

さらに最も安全確実な短期支払能力は，次の現金預金比率によって知ることができる。ただし，この比率が高すぎると，現金預金の適切な運用（投資）がなされていないと判断されることがある。

$$現金預金比率 = \frac{現金預金}{流動負債} \times 100 \ (\%)$$

(2) 安定性（長期支払能力）の分析

流動性の分析が貸借対照表の流動区分を中心とするのに対し，安定性は貸借対照表の固定資産等と負債・純資産とを中心に，おもに企業の長期支払能力の判断に役立つ。

企業に長期間拘束される固定資産は，長期間使用可能な資本，すなわち長期資本（＝固定負債＋純資産）によって調達される必要がある。この関係は長期固定適合比率によって判断されうる。この比率が低いほど企業は安定しているとみられる。

$$長期固定適合比率 = \frac{固定資産}{長期資本} \times 100 \ (\%)$$

固定資産は，さらに純資産（自己資本）によって調達運用されることが望ましい。この関係は固定比率によって判断される。この比率も低いほど企業は安定しているとみられる。

$$固定比率 = \frac{固定資産}{純資産（自己資本）} \times 100 \ (\%)$$

純資産（自己資本）よりも負債の割合が大きい場合，業績が好調なときは有利に作用するが，業績が不調になると過大な負債に対する利息の支払が企業にとって大きな負担となる。次の自己資本（純資産）比率が50％を超えるほうが，相対的に安全性が高いとみられる。

$$純資産（自己資本）比率 = \frac{純資産（自己資本）}{総資本} \times 100（\%）$$

2　損益計算書の分析―期間成果の分析―

損益計算書は，一期間における企業の経営成績を算定表示する。この損益計算書に関する期間成果の分析にあたっては，とくに売上高に関する各種利益（売上総利益，営業利益，経常利益，純利益）との関係と，売上高と売上原価および各種営業費（販売費及び一般管理費）との関係の分析が中心となる。

$$売上高総利益率 = \frac{売上総利益}{売上高} \times 100（\%）$$

$$売上高営業利益率 = \frac{営業利益}{売上高} \times 100（\%）$$

$$売上高経常利益率 = \frac{経常利益}{売上高} \times 100（\%）$$

$$売上高当期純利益率 = \frac{当期純利益}{売上高} \times 100（\%）$$

$$売上原価率 = \frac{売上原価}{売上高} \times 100（\%）$$

$$各種営業費率 = \frac{各種営業費}{売上高} \times 100（\%）$$

ここで，売上高営業利益率と売上原価率および各種営業費率との間には次の関係が成り立つ。

$$売上高営業利益率 = 1 - 売上原価率 - 各種営業費率$$

3　総合収益性分析―資本収益性分析―

資本利益率を中心とする分析は貸借対照表と損益計算書との双方にかかわる

分析であり,企業の総合的な収益性の分析としてとらえられる。資本利益率は下記の関係からも明らかなように,売上高利益率と資本回転率との積として示される。

ここで売上高利益率に関しては,すでに損益計算書の期間成果の分析においてみてきたところである。資本利益率と資本回転率とに関しては,貸借対照表と損益計算書との双方にわたって分析がなされる。

(1) 資本利益率の分析

資本利益率に関しては,資本と利益とに関していかなるものを用いるかによって多様な組み合わせが可能であり,さまざまな分析がなされうる。利益に関しては,売上高利益率の場合と同様,売上総利益,営業利益,経常利益,当期純利益等が考えられる。

資本(期中平均有高)に関しては,一般的には,総資本,経営資本,自己資本(純資産)等が考えられる。経営資本は,企業の目的とする経営活動とくに生産・販売活動(営業活動)に投下拘束されている資産(資本)である。それは,企業の総資本(総資産)から投資資産,繰延資産,遊休資産,未稼働資産(建設仮勘定等)を控除したものとしてとらえられる。これは,次の関係で示される(阪本1983c)。

これより,次のような資本利益率が基本的なものとしてあげられる。

$$経営資本営業利益率 = \frac{営業利益}{経営資本} \times 100\,(\%)$$

$$総資本経常利益率 = \frac{経常利益}{総資本} \times 100\,(\%)$$

$$総資本当期純利益率 = \frac{当期純利益}{総資本} \times 100\,(\%)$$

$$自己資本(純資産)当期純利益率 = \frac{当期純利益}{純資産} \times 100\,(\%)$$

①の経営資本営業利益率は，経営者の立場から経営活動とくに生産・販売活動（営業活動）の成果ないし収益性を判断するのに役立つ。②の総資本経常利益率は，企業へ投下した総資本による当期の全体的な経営活動の成果ないし収益性を示す。③の総資本当期純利益率は，期間外損益を含む包括的な企業活動の収益性を示すと考えられる。

②および③はおもに投資家や経営者さらには各種利害関係者の立場から重視される比率であるのに対し，④の自己資本（純資産）当期純利益率は，おもに株主（所有主）の立場から重視される比率である。

総資本には，自己資本たる純資産だけでなく他人資本たる負債も含まれる。そこで総資本利益率に関して，分子に，自己資本の成果たる利益とともに他人資本の成果たる利子（支払利息）をも含めることがある。最近では，EBITDA（利子・税金・償却費控除前利益，Earnings Before Interest, Taxes, Depreciation and Amortization）や EBIT（利子・税金控除前利益）を使用する企業がかなりみられる。

(2) 資本回転率と資本回転期間の分析

資本回転率は，一定期間中に投下された資本の利用度ないし利用上の効率を売上高による回収回数によって示す指標である。また，このような各種資産回転率の逆数を求めれば，各種資産回転期間数が算定される。これらに関しては次のような指標が重要である。

$$総資本回転率 = \frac{売上高}{総資本}$$

$$経営資本回転率 = \frac{売上高}{経営資本}$$

$$各種資産回転率 = \frac{売上高}{各種資産}$$

$$各種資産回転期間 = \frac{各種資産}{売上高}$$

資本の内訳を各種資産にまでさかのぼることによって，各種資産に投下されている資本の利用度ないし利用上の効率を知ることができる。各種資産回転率

は,各種資産の利用効率を判断するのに役立つ。回転率が高いほどその資産への投下資本の効率は高いこととなる。資産回転率が大きい場合,回転期間はそれだけ短くなる。

4 利益構造・資本構造の分析

(1) 損益分岐点分析とMS比率

2期間以上の実績数値を利用することにより利益構造および資本構造の分析を行うことができる。損益分岐点分析と資本回収点分析とがこれである。損益分岐点分析に関しては,2期間以上の売上高および費用数値を用いることにより損益分岐点が求められる。

$$損益分岐点売上高 = \frac{固定費}{(1-変動費÷売上高)} = \frac{固定費}{(1-変動費率)}$$

損益分岐点は,費用と収益とが等しくなる点(売上高)であり,損益がゼロとなる点あるいは損失と利益とが分岐する点(売上高)である。これは**図表15-1**のような損益分岐点図表(利益図表)から明らかとなる。

図表15-1 損益分岐点図表(利益図表)

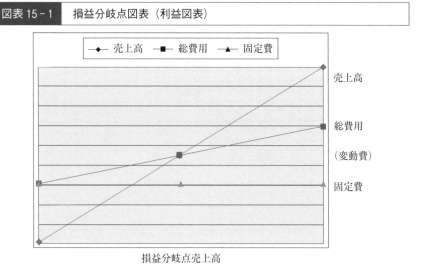

損益分岐点分析のためには，固定費と変動費との分解が必要となる（固変分解）。固変分解にあたり，2期間の実績数値を用いる場合，次のような計算がなされる。

変動費率＝（当期費用－前期費用）÷（当期売上高－前期売上高）
固 定 費＝当期費用－（変動費率×当期売上高）
　　　　＝当期費用－当期変動費

3期間以上の実績数値を用いる場合は，通常，最小2乗法が適用される。この他にも，スキャターグラフ法（散布図表法），勘定精査法等がある。また，費用の範囲としては，総費用，営業費用，製造費用等がその分析目的に応じて使い分けられる。

この損益分岐点売上高を用いることにより，次のような MS（Management Safety）比率を求めることができる。この MS 比率は経営安全性の判断に役立つ。

$$\text{MS 比率} = \frac{（当期売上高－損益分岐点売上高）}{当期売上高}$$

(2) 資本回収点分析

2期間以上の売上高および資本（資産）数値を用いることにより資本回収点売上高が求められる。

$$\text{資本回収点売上高} = \frac{固定資本}{（1－変動資本÷売上高）} = \frac{固定資本}{（1－変動資本率）}$$

この資本回収点は，資本と売上高とが等しくなる点であり，売上高によって資本が1回回収される点（売上高）である。いいかえれば，これは資本回転率が1となる点（売上高）である。これは図表15-2のような資本回収点図表（資本図表）で示される。

なお，ここでの資本としては，総資本（総資産）かまたは経営資本（経営資産）が用いられる。したがって，固定資本と変動資本との分解にあたっては貸方側の負債・資本数値よりも借方側の資産数値を用いる。たとえば，変動資本

は，変動的な資産部分であり，流動資産からその固定的部分（恒常手持的部分）を除いた部分がこれに相応することとなる。

固変分解にあたり，2期間の実績数値を用いる場合，次のように計算される。

変動資本率＝(当期資本－前期資本)÷(当期売上高－前期売上高)
固 定 資 本＝当期資本－(当期売上高×変動資本率)
　　　　　＝当期資本－当期変動資本

3期間以上の実績数値を用いる場合は，通常，損益分岐点の場合と同様，最小2乗法が適用される。この他にも，損益分岐点分析と同様の固変分解法が用いられる。

図表15-2　資本回収点図表（資本図表）

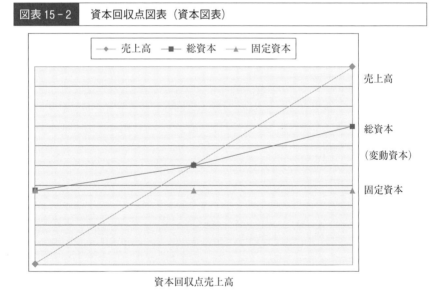

資本回収点売上高

5　発展性の分析と企業の総合指標による判定

(1) 発展性分析

発展性は2期間の売上高，資本，利益を比較することによって示される。これには，売上成長率，資本成長率（投資成長率），利益成長率等が用いられる。

$$売上成長率 = \frac{当期売上高}{前期売上高} \times 100\ (\%)$$

$$資本成長率 = \frac{当期資本}{前期資本} \times 100\ (\%)$$

$$利益成長率 = \frac{当期利益}{前期利益} \times 100\ (\%)$$

なお，資本成長率の資本（期中平均有高または便宜的には期末有高）に関しては，その分析の目的あるいは立場によって，総資本，経営資本，自己資本（純資産）等が用いられる。同様に，利益成長率の利益に関しても，売上総利益，営業利益，経常利益，当期純利益等が用いられる。

(2) 比較財務諸表分析

発展性分析の基礎には，2期以上の財務諸表について比較分析する比較財務諸表分析が見いだされる。そこでは，2期以上の比較貸借対照表および比較損益計算書を作成し，その増減原因を分析することとなる。

(3) 企業の総合指標による判定

以上のような各種指標を組み合わせることにより，企業経営に関する総合的判断を行うことができる。例えば収益性，流動性，財務安定性，発展性といった重要な指標に従って，それぞれに関する適切な比率を選択し，それを用いて企業の経営活動に関する総合的な判定が可能になる。さらには，付加価値の生成と分配に関する分析も企業の社会経済・持続可能性に関する努力と貢献を明らかにするのに役立つ。

このような総合判定にあたっては，各比率の重要性に従ってウェイト付けを行うインデックス法や，レーダチャート形式で表示するレーダチャート法などが利用される。

II 連結財務諸表の分析

上述のような個別財務諸表の分析は，連結企業集団の財務諸表，すなわち連

結財務諸表の分析にも同様に役立つ。連結財務諸表の分析に関しては，さらに次のような分析が基本的に重要である。

1 連単倍率

連単倍率は，各種指標について連結財務諸表と親会社の個別（単独）財務諸表とを比較し，その倍率を求めることである。これにより，親会社が連結企業集団に占める位置（関係性・重要性）が明らかにされる。この連単倍率は，親会社が事業を行う事業持株会社の場合にとくに役立つ。

2 EPS・ROE・PER

1株当たり純資産と1株当たり当期純利益は，連結財務諸表に注記することが求められる。1株当たり当期純利益はEPS（Earnings Per Share）とも称される。この2つの1株当たり情報からROE（Return On Equity，株主資本利益率あるいは純資産利益率）とPER（Price Earnings Ratio，株価収益率）が求められる。

$$EPS（1株当たり当期純利益）= \frac{普通株式に係る当期純利益}{期中平均普通株式数} \times 100（\%）$$

$$ROE（純資産利益率）= \frac{1株当たり当期純利益}{1株当たり純資産} \times 100（\%）$$

$$PER（株価収益率）= \frac{株価}{1株当たり当期純利益} \times 100（\%）$$

3 連結キャッシュ・フロー計算書の分析

連結キャッシュ・フロー計算書の分析に関しては，次の比率が重要とみられる（CFはキャッシュ・フローの略）。

$$売上高対営業CF比率 = \frac{営業CF}{売上高} \times 100（\%）$$

$$営業CF対各種利益率 = \frac{各種利益}{営業CF} \times 100（\%）$$

$$営業CF対投資CF比率 = \frac{投資CF}{営業CF} \times 100（\%）$$

①の売上高対営業 CF 比率は，営業キャッシュ・フローが売上高に対してどの程度の大きさであるかを知るのに役立つ。この比率が低下しているときは，売掛金の回収等に困難が生じている可能性がある。②の営業 CF 対各種利益率は発生主義会計に基づく各種利益（営業利益，経常利益，当期純利益）と営業キャッシュ・フローとの相対的関係を判断するために用いられる。とくに営業 CF 対営業利益率が長期間高くなるときは，営業利益に比べて営業 CF が減少しており，営業活動の現金回収活動等に何らかの不都合が生じている可能性がある。

　③の営業 CF 対投資 CF 比率は，営業 CF がどの程度投資 CF に向けられたかを知るのに役立つ。この場合，投資 CF の代わりに投資支出を用いてもよい。営業 CF と投資 CF との差額はまた，フリーキャッシュ・フローと呼ばれることがある。このような営業 CF と投資 CF との関係が次第に悪化している場合には資金不足が恒常化しており，企業存続の危険性が高まっているとみられる。

4　セグメント情報の分析

　連結財務諸表には当該企業集団（グループ）の活動区分すなわち事業セグメントの業績（売上高・営業損益・資産・減価償却費・資本的支出ないし固定資産増加額）を注記開示することが求められる。セグメント情報を用いることにより，たとえば以下のようなセグメント業績の基本的な分析が可能となる。この場合，セグメント別資産には，経営資本（経営資産）だけでなく，投資資産なども含まれることが多いとみられるため，使用資本という表現を用いている。セグメント別資産は，各セグメントの使用資本ないし投下資本としてとらえられる。

$$\text{セグメント別売上高営業利益率} = \frac{\text{セグメント別営業利益}}{\text{セグメント別売上高}} \times 100 \ (\%)$$

$$\text{セグメント別使用資本営業利益率} = \frac{\text{セグメント別営業利益}}{\text{セグメント別資産}} \times 100 \ (\%)$$

$$\text{セグメント別使用資本回転率} = \frac{\text{セグメント別売上高}}{\text{セグメント別資産}}$$

　この3つの比率の間には次の関係が示される。

使用資本営業利益率＝売上高営業利益率×使用資本回転率

　このような事業セグメントの分析は，各事業領域の業績とともに，グループの事業別活動の重点，製品ライフサイクルとの関係に基づく各事業部門の成長・ピーク・衰退等の判断とこれに基づくグループ全体の将来予測等に役立つ。また，地域に関する情報を併用した分析は，そのグループの地域別（国別・大陸別）活動の重点や成長性，危険性，地域社会貢献度等の判断に役立つ。それとともに各期におけるセグメントの設定・変更からはその企業（最高意思決定機関）の戦略形成のあり方や戦略の変更等をかなりの程度知ることができる。

【引用・参考文献】

●欧文

AAA, Accounting and Reporting Standards for Corporate Financial Statements—1957 Revision, *The Accounting Review*, Vol. 32, No. 4, 1957, pp. 536-546. 中島省吾訳編『増訂AAA会計原則—原文・解説および訳註—』中央経済社, 1964年

FASB, *An Analysis of Issues Related to Conceptual Framework for Financial Accounting and Reporting : Elements of Financial Statements and Their Measurement, FASB Discussion Memorandum*, 1976.（津守常弘監訳『FASB財務会計の概念フレームワーク』中央経済社, 1997年。）

――, SFAC No. 1, Objectives of Financial Reporting by Business Enterprise, 1978（平松一夫・広瀬義州訳『FASB財務会計の諸概念［増補版］』中央経済社, 2002年。）.

――, Accounting Standards Statements of Financial Accounting Concepts 1-6. McGRAW-HILL, 1986.（平松一夫・広瀬義州訳『FASB財務会計の諸概念［増補版］』中央経済社, 2002年。）FASB, SFAS No. 95, Statement of Cash Flows, 1987.

――FASB, SFAC No. 7, Using Cash Flow Information and Present Value in Accounting Measurements, 2000.（平松一夫・広瀬義州訳『FASB財務会計の諸概念［増補版］』中央経済社, 2002年。）.

――, SFAS No. 143, Accounting for Asset Retirement Obligations, 2001a.

――, SFAS No. 144, Accounting for the Impairment or Disposal of Long-lived Assets, 2001b.

――, Fair Value Measurement, 2004.

――, SFAS 57, Fair Value Measurement, 2006.

Hicks, JR., *Value and Kapital* Oxford, 2., ed, 1946 (1.ed., 1939).（安井琢磨・熊谷尚夫訳『J. R. ヒックス価値と資本』岩波書店, 1951年。）

IASC, Framework for the Preparation and Presentation of Financial Statements, 1989.（日本公認会計士協会国際委員会訳『国際会計基準書 2001』同文舘出版, 2001年。

IASB, IAS 1, *Presentation of Financial Statements*, 2007.

――, *The Conceptual Framework for Financial Reporting 2010*, 2010.

――, IFRS No. 13, Fair Value Measurement, IASB, 2012.（IFRS財団編『2013国際財

務報告基準 IFRSs　PART A』中央経済社, 2014年。)

――, *International Financial Reporting Standards® 2016*, Part A&B, IASCF, 2016. (企業会計基準委員会・財務会計基準機構監訳『国際財務報告基準書 (IFRSs®) 2016 Part A・Part B』中央経済社, 2016年)

Käfer, K.,, *Die Bilanz als Zukunftsrechnung ― Eine Vorlesung über den Inhalt der Unternehmungsbilanz*, Zürich, 3. Aufl., 1976 (1. Aufl., 1962). (安平昭二・郡司健訳『ケーファー簿記・貸借対照表論の基礎』中央経済社, 2006年。)

Lehmann, M.R., Die Dreikontenreihentheorie, *ZfHwF*, 19. Jg., 1925.,

Paton.W.A and A.C. Littleton, *An Introduction to Corporate Accounting Standards*, AAA, 1940. (中島省吾訳『会社会計基準序説 (改訳版)』森山書店, 1968年)。

Schmalenbach, E., Grundlagen dynamischer Bilanzlehre, *ZfhF*, Jg. 13, 1919.

――, *Dynamische Bilanz*, 4. Aufl., Leipzig, 1926 (土岐政蔵訳『動的貸借対照表論』(第4版訳) 森山書店, 1950年).

――, *Dynamische Bilanz*, 7. Aufl., Leipzig, 1939.

――, *Dynamische Bilanz*, 13. Aufl., Köln und Opladen, 1962.

Zwirner, C., *BilMoG-Textausgabe*, 2. Aufl., München, 2009.

●和文

土岐政蔵訳『十二版動的貸借対照表論』森山書店, 1959年 (Schmalenbach, E., *Dynamische Bilanz*, 12. Aufl., Köln und Opladen, 1953.)。

興津裕康『貸借対照表論の研究』森山書店, 1984年。

長谷川茂男『米国財務会計基準の実務 (第九版)』中央経済社, 2016年。)

松本敏史「IFRSの情報特性と日本の選択」『會計』第187巻第4号, 2015年,

菊谷正人「資産除去費用の会計処理法に関する比較分析」『財務会計研究』第2号, 2008年。

阪本安一『会計学概論』国元書房, 1969年。

――『現代会計の基礎理論』中央経済社, 1982年。

――『基礎会計学 [全訂版]』中央経済社, 1983a 年。

――『新講財務諸表論 [全訂版]』中央経済社, 1983b 年。

――『経営分析入門 [全訂版]』中央経済社, 1983c 年。

――『新会計学入門』税務経理協会, 1984a 年。

――『全訂財務諸表論』税務経理協会, 1984b 年。

――『情報会計の基礎』中央経済社, 1988年。

桜井久勝『財務会計講義〈第17版〉』中央経済社, 2016年。
染谷恭次郎『財務諸表三本化の理論』国元書房, 1983年。
武田隆二『会計［第2版］』税務経理協会, 1994年。
── 『会計学一般教程〈第7版〉』中央経済社, 2008a 年。
── 『最新財務諸表論〈第11版〉』中央経済社, 2008b 年。
野村健太郎『現代財務会計［四訂新版］』税務経理協会, 2008年。
安平昭二『会計システム論研究序説―簿記論的展開への試み―』神戸商科大学経済研究所, 1994年。
吉田寛「基礎会計理論の研究（九）」『會計』第104巻3号, 1973年。
郡司健『現代会計の基礎―発生主義会計の展開と情報開示―』中央経済社, 1989年。
── 『未来指向的会計の理論』中央経済社, 1992年。
── 『最新財務諸表会計［第1版］』中央経済社, 1994年。
── 『現代会計報告の理論』中央経済社, 1998年。
── 『現代基本会計学』税務経理協会, 1999年。
── 『現代会計構造の基礎』中央経済社, 2006年。
── 『最新財務諸表会計［第5版］』中央経済社, 2009年。
── 「キャッシュ・フロー会計の計算構造－キャッシュ・フロー計算書の表示法と作成法を中心として―」『大阪学院大学企業情報学研究』第10巻2号, 2010年。
── 「レーマン三勘定系統説とその現代的意義」『大阪学院大学企業情報学研究』第9巻3号, 2010年。
── 「ドイツ企業会計の国際化対応と IFRS 導入」『国際会計研究学会年報』臨時増刊号（通号28号）, 2011年。
── 「統合財務報告の一展開方向―ドイツ企業の GRI 型統合財務報告を中心として―」『會計』第186巻1号, 2014年。
── 「現代会計観の拡張―混合会計観と公正価値会計観―」『會計』第190巻3号, 2016a 年。
── 「会計観の拡張と現代会計」『大阪学院大学商・経営学論集』第42巻1号, 2016b 年。

〈主要参考資料〉
　本書では煩雑さを避けるため本文では, 多くは具体的なその典拠を省略しているが, 下記のようなわが国主要会計原則・規則・基準・実務指針等について参照して

いる（：［　］内はその略称）。

企業会計審議会「企業会計原則・同注解」（最終改正：昭和57年4月20日）

企業会計審議会「連結財務諸表原則・同注解」（改正：平成9年6月6日）：［連結原則］

企業会計審議会「外貨建取引等会計処理基準」（最終改正平成11年10月22日）：［外貨換算会計基準］

企業会計審議会「連結キャッシュ・フロー計算書等の作成基準」（平成10年3月13日）：［連結キャッシュ・フロー会計基準］

日本公認会計士協会会計制度委員会報告第8号「連結財務諸表におけるキャッシュ・フロー計算書に関する実務指針」（最終改正平成23年1月12日）：［連結キャッシュ・フロー会計実務指針］

企業会計審議会「研究開発費等に係る会計基準」（改正平成20年12月26日）：［研究開発費等基準］

企業会計審議会「退職給付に係る会計基準」（改正平成24年5月17日）：［退職給付会計基準］

企業会計審議会「税効果会計に係る会計基準」（平成10年10月30日）：［税効果会計基準］

日本公認会計士協会会計制度委員会報告第6号「連結財務諸表における税効果会計に関する実務指針」（最終改正平成28年3月25日）：［連結税効果会計実務指針］

企業会計審議会「固定資産の減損に係る会計基準」（平成14年8月9日）：［減損会計基準］

企業会計基準委員会・企業会計基準第1号「自己株式及び準備金の額の減少等に関する会計基準」（最終改正平成27年3月26日）：［自己株式等会計基準］

企業会計基準第2号「1株当たり当期純利益に関する会計基準」（最終改正平成25年9月13日）：［1株当たり当期純利益会計基準］

企業会計基準第5号「貸借対照表の純資産の部の表示に関する会計基準」（最終改正平成25年9月13日）：［純資産会計基準］

企業会計基準第6号「株主資本等変動計算書に関する会計基準」（最終改正平成25年9月13日）：［株主資本等変動計算書会計基準］

企業会計基適用指針第9号「株主資本等変動計算書に関する会計基準の適用指針」（最終改正平成25年9月13日）：［株主資本等変動計算書適用指針］

企業会計基準第9号「棚卸資産の評価に関する会計基準」（最終改正平成20年9月26

日）：［棚卸資産会計基準］

企業会計基準第10号「金融商品に関する会計基準」（最終改正平成20年3月10日）：［金融商品会計基準］

会計制度委員会報告第14号「金融商品会計に関する実務指針」（最終改正平成28年3月25日）：［金融商品会計実務指針］

企業会計基準第13号「リース取引に関する会計基準」（改正平成19年3月30日）：［リース会計基準］

企業会計基適用指針第16号「リース取引に関する会計基準の適用指針」（最終改正平成23年3月25日）：［リース会計適用指針］

企業会計基準第15号「工事契約に関する会計基準」（平成19年12月27日）：［工事契約会計基準］

企業会計基準第16号「持分法に関する会計基準」（平成20年12月26日）：［持分法会計基準］

企業会計基準第17号「セグメント情報等の開示に関する会計基準」（最終改正平成22年6月30日）：［セグメント会計基準］

企業会計基準適用指針第20号「セグメント情報の開示に関する会計基準の適用指針」（平成20年3月21日）：［セグメント会計適用指針］

企業会計基準第18号「資産除去債務に関する会計基準」（平成20年3月31日）：［資産除去債務会計基準］

企業会計基準第21号「企業結合に関する会計基準」（最終改正平成25年9月13日）：［企業結合会計基準］

企業会計基準第22号「連結財務諸表に関する会計基準」（最終改正平成25年9月13日）：［連結会計基準］

企業会計基準適用指針第22号「連結財務諸表における子会社及び関連会社の範囲の決定に関する適用指針」（最終改正平成23年3月25日）：［連結会計適用指針］

企業会計基準第24号「会計上の変更及び誤謬の訂正に関する会計基準」（平成21年12月4日）：［会計上の変更等会計基準］

企業会計基準第25号「包括利益の表示に関する会計基準」（最終改正平成25年9月13日）：［包括利益会計基準］

企業会計基準適用指針第26号「繰延税金資産の回収可能性に関する適用指針」（改正平成28年3月28日）：［繰延税金資産適用指針］

企業会計基準委員会・実務対応報告第19号「繰延資産の会計処理に関する当面の取

扱い」（改正平成22年2月19日）：［繰延資産実務対応］
企業会計基準委員会「修正国際基準の適用」（改正2016年7月25日）［修正国際基準］
「金融商品取引法」（最終改正平成27年9月4日）：［金商法］
「財務諸表等規則（財務諸表等の用語，様式及び作成方法に関する規則）」（最終改正
　　平成28年12月27日）：［財規］
「連結財務諸表規則（連結財務諸表の用語，様式及び作成方法に関する規則）」（最終
　　改正平成28年12月27日）：［連結財規］
「会社法」（最終改正平成28年6月3日）
「会社計算規則」（最終改正平成28年1月8日）：［計規］

索　引

■英　数■

1957年原則書……………………………155
1計算書方式……………………………114, 115
1年基準…………………………………53, 92
2計算書方式……………………………114, 115
AAA………………………………………155
CSR…………………………………………15
EBIT………………………………………189
EBITDA……………………………………189
EDINET……………………………………98
EPS…………………………………………194
FASB………………………………………1, 19
IAS…………………………………………1, 7
IASB………………………………………1, 19
IASC…………………………………………1
IFRS………………………………1, 7, 8, 19, 108
PER…………………………………………194
ROE…………………………………………194
US-GAAP…………………………………1, 7

■あ　行■

粗キャッシュ・フロー……………136, 137
安全性の原則………………………………17
意思決定機関……………………………108
一取引基準………………………………152
一般債権…………………………………143
移動平均法…………………………………58
入口価格………………………………94, 179
インプレストシステム……………………56
売上高利益率……………………………188
営業外活動…………………………………30
営業活動……………………………………29
営業循環基準…………………………53, 92
影響力基準………………………………112
エンドースメント………………………1, 12
オプション取引…………………………148
親会社……………………………………108
親会社概念………………………………110

■か　行■

会計監査……………………………………9
会計現代化法……………………………176
会計三表…………………………………123
会計方針の変更…………………………105
会社分割差益………………………………81
会社法………………………………………11
会社法会計…………………………………10
会社法開示…………………………………97
回収可能価額……………………………156
概念フレームワーク…………………19, 176
過去勤務債務……………………………166
貸倒懸念債権……………………………143
合併差益……………………………………80
株式移転差益………………………………81
株式交換差益………………………………81
株式払込剰余金……………………………80
貨幣性資産…………………………………51
関係会社……………………………………69
関係会社株式……………………………144
勘定式………………………………………99
間接開示……………………………………97

管理会計…………………………………9
関連会社…………………………………112
企業会計基準……………………………11
企業集団…………………………………107
企業体関連的な現在価値………172,177
企業体持分………………………………79
企業の財政状態…………………………50
期待運用収益相当額……………………165
機能別分類…………………………31,89
逆基準性…………………………………139
客体関連的な現在価値…………………177
級数法……………………………………64
給付………………………………………27
業績測定利益……………………………29
金商法開示………………………………97
金融商品取引法…………………………10
金融商品取引法会計……………………10
繰越利益剰余金…………………………82
繰延ヘッジ会計…………………………150
繰延ヘッジ損益…………………………85
グループ…………………………………107
経営活動…………………………………29
経営資本…………………………………188
経営者の視点…………………172,177,183
経過勘定項目……………………………61
経済的単一体概念………………………110
経済的利益概念…………………………175
形式的減資………………………………83
形式的増資………………………………82
継続企業の前提…………………………7
継続性の原則……………………………17
形態別分類………………………………89
ケーファー…………………………155,175
決算貸借対照表………………………7,48
減価償却累計額…………………………66
現金主義…………………………………26

現金同等物………………………………125
現金預金比率……………………………186
現在価値…………………………………95
権利義務主義……………………………27
工業所有権………………………………69
工業簿記…………………………………8
公告………………………………………98
工事完成基準……………………………39
工事進行基準……………………………38
「公準―原則」アプローチ……………13
公正価値…………………………………94
公正価値会計……………………………175
公正価値会計観……………………23,173
公正価値測定………………23,95,173,177
公正価値ヒエラルキー…………………180
購入役務費………………………………31
子会社……………………………………108
国内基準…………………………………175
固定性配列法…………………………54,92
固定比率…………………………………186
個別償却…………………………………66
個別法……………………………………58
混合会計……………………………173,175
混合測定……………………23,33,50,95,173
混合的会計観……………………………23
混合的測定………………………………8
コンバージェンス……………………1,11

■さ　行■

財産貸借対照表………………………5,47
財産法…………………………………5,25
財産目録………………………………5,47
財政状態の表示…………………………7
再調達原価………………………………94
財務会計…………………………………9
財務三表…………………………………123

索引

財務諸表……………………………3
債務性のない引当金………………77
先入先出法…………………………58
先物取引…………………………148
先渡取引…………………………148
三勘定計算表……………………132
残余請求権…………………………52
時価…………………………………94
時価ヘッジ会計…………………149
事業セグメント…………………119
事業持株会社……………………119
資金生成単位……………………181
自己株式処分益……………………81
資産回転期間……………………189
資産回転率………………………189
資産負債アプローチ………………23
市場価格のない有価証券………144
市場関連的な公正価値…………172
市場参加者の視点……… 172,172,183
持続可能性会計……………………15
実現主義………………………88,94
実効利子率…………………146,147
実質的減資…………………………83
実質的増資…………………………82
指定国際会計基準…………………12
支配…………………… 55,71,108
資本回収点分析…………………190
資本回転率………………………188
資本準備金…………………………80
資本の部……………………………73
収益性資産…………………………94
収益費用アプローチ………22,23,49
収穫基準……………………………39
収支主義……………………………32
修正国際基準………………………12
重要性の原則………………………16

受託責任……………………………97
取得原価主義会計………………9,33
シュマーレンバッハ………………48
純財産増加説…………………… 5,25
純粋持株会社……………… 107,119
使用価値……………………156,158
償却原価法………………………146
償却性資産…………………………62
商業簿記……………………………8
条件付債務…………………………77
使用資本…………………………195
情報論的会計観……………………50
正味売却価額………………………94
剰余金区分の原則…………………16
将来の経済的便益……………21,50
処分可能利益………………………29
所有主代理人説……………………15
新株予約権…………………………86
真実性の原則………………………15
慎重性の原則………………………17
数理計算上の差異………………166
スワップ取引……………………149
正規の簿記の原則…………………16
生産高比例法………………………65
性質別分類…………………………89
静的な会計観………………………48
制度的企業体説……………………15
税法…………………………………11
税法会計………………………10,11
相対的完全性…………………88,91
相対的な真実性……………………16
総平均法……………………………58
測定…………………………………22
その他有価証券…………………144
その他有価証券評価差額金………85
ソフトウェア………………………69

損益分岐点分析 …………………… 190
損益法 …………………………… 6, 26

■た　行■

第三の財務諸表 ………………… 123
退職給付に係る資産 ………… 114, 168
退職給付に係る調整額 ………… 168
退職給付に係る調整累計額
　　　　　………………… 113, 114, 168
退職給付に係る負債 ………… 113, 168
棚卸計算法 ………………………… 40
単一性の原則 ……………………… 18
単式簿記 …………………………… 2
長期固定適合比率 ……………… 186
直接開示 …………………………… 97
定額法 ……………………………… 64
低価法 ……………………… 57, 94, 96
定率法 ……………………………… 64
適時開示 …………………………… 98
出口価格 …………… 94, 174, 178, 179
統合的財務報告 ………………… 15
当座比率 …………………… 57, 186
動的会計観 ………………………… 48
動的三勘定系統説 ……………… 132
独占禁止法改正 ………………… 119
土地再評価差額金 ……………… 85
取替原価 …………………………… 95
二重帳簿の禁止 ………………… 18
二取引基準 ……………………… 152
任意積立金 ……………………… 82
認識 ………………………………… 22
のれん …………………… 67, 68, 111
ノン・キャンセラブル ………… 159

■は　行■

売価還元原価法 ………………… 59

配当禁止 …………………………… 84
売買目的有価証券 …………… 39, 144
破産更生債権等 ………………… 143
派生的金融商品 ………………… 148
発生源泉別分類 ………………… 31, 89
発生主義 ………………………… 28, 88
半発生主義 ………………………… 27
非貨幣性資産 ……………………… 51
評価性引当金 …………………… 74, 77
表現の忠実性 ……………………… 20
費用収益差額説 ………………… 6, 26
費用性資産 ………………………… 94
複合金融商品 …………………… 143
複合経費 …………………………… 31
複式簿記 …………………………… 2
負債性引当金 …………………… 74, 77
負ののれん ………………………… 68
フリーキャッシュ・フロー …… 195
フル・ペイアウト ……………… 159
ヘッジ手段 ……………………… 149
ヘッジ対象 ……………………… 149
別途積立金 ……………………… 82
報告式 …………………………… 99, 101
ホールディングス ……………… 107
保守主義の原則 ………………… 17

■ま　行■

前払年金費用 …………………… 164
満期保有目的債券 ……………… 144
未認識過去勤務債務 …………… 166
未認識項目 ……………………… 164
未認識数理計算上の差異 ……… 166
未費消の原価 …………………… 49
未来指向的（な）会計観 …… 50, 173
明瞭性の原則 ……………………… 17
目的適合性 ………………………… 20

持分法·····················112

■や 行■

誘導法························6
用役潜在性····················50
要素別分類····················89

■ら 行■

利益準備金··················80, 81
利子込み法··················160

流動性配列法················54, 92
流動比率···················54, 185
両建処理··················169, 171
臨時開示·····················98
ルカ・パチオリ·················2
レーマン····················132
連結会社····················109

■わ 行■

ワンイヤー・ルール··············53

【著者紹介】

郡司　健（ぐんじ　たけし）
大阪学院大学大学院商学研究科・経営学部教授
経営学博士（神戸商科大学（現兵庫県立大学））
公認会計士試験委員（2006年12月～2010年2月）

【主要著書】
『企業情報会計』中央経済社（1984年）
『現代会計の基礎―発生主義会計の展開と情報開示―』中央経済社（1989年）
『未来指向的会計の理論』中央経済社（1992年）
『現代会計報告の理論』中央経済社（1998年）
『現代基本会計学』税務経理協会（1999年）
『連結会計制度論―ドイツ連結会計報告の国際化対応―』中央経済社（2000年）（平成13年度日本会計研究学会太田・黒澤賞受賞）
『現代会計構造の基礎』中央経済社（2006年）
『ケーファー簿記・貸借対照表論の基礎』（安平昭二博士と共訳）中央経済社（2006年）
『最新財務諸表会計［第5版］』中央経済社（2009年；初版，1994年）
『財務諸表会計の基礎』中央経済社（2012年；第3刷2015年）
『簿記会計のエッセンス』（編著）晃洋書房（2016年）

現代財務会計のエッセンス

2017年2月15日　第1版第1刷発行
2018年9月20日　第1版第2刷発行

著者　郡　司　　　健
発行者　山　本　　　継
発行所　㈱中央経済社
発売元　㈱中央経済グループ
　　　　パブリッシング

〒101-0051　東京都千代田区神田神保町1-31-2
電話　03（3293）3371（編集代表）
　　　03（3293）3381（営業代表）
http://www.chuokeizai.co.jp/
印刷／文唱堂印刷㈱
製本／㈱関川製本所

©2017
Printed in Japan

＊頁の「欠落」や「順序違い」などがありましたらお取り替えいたしますので発売元までご送付ください。（送料小社負担）
ISBN978-4-502-21091-4 C3034

JCOPY〈出版者著作権管理機構委託出版物〉本書を無断で複写複製（コピー）することは，著作権法上の例外を除き，禁じられています。本書をコピーされる場合は事前に出版者著作権管理機構（JCOPY）の許諾を受けてください。
JCOPY〈http://www.jcopy.or.jp　eメール：info@jcopy.or.jp　電話：03-3513-6969〉

─ ■おすすめします■ ─

学生・ビジネスマンに好評
■最新の会計諸法規を収録■

新版 会計法規集

中央経済社編

会計学の学習・受験や経理実務に役立つことを目的に，最新の会計諸法規と企業会計基準委員会等が公表した会計基準を完全収録した法規集です。

《主要内容》

会計諸基準編＝企業会計原則／外貨建取引等会計基準／研究開発費等会計基準／税効果会計基準／減損会計基準／自己株式会計基準／1株当たり当期純利益会計基準／役員賞与会計基準／純資産会計基準／株主資本等変動計算書会計基準／事業分離等会計基準／ストック・オプション会計基準／棚卸資産会計基準／金融商品会計基準／関連当事者会計基準／四半期会計基準／リース会計基準／工事契約会計基準／持分法会計基準／セグメント開示会計基準／資産除去債務会計基準／賃貸等不動産会計基準／企業結合会計基準／連結財務諸表会計基準／研究開発費等会計基準の一部改正／変更・誤謬の訂正会計基準／包括利益会計基準／退職給付会計基準／修正国際基準／原価計算基準／監査基準　他

会 社 法 編＝会社法・施行令・施行規則／会社計算規則

金 商 法 規 編＝金融商品取引法・施行令／企業内容等開示府令／財務諸表等規則・ガイドライン／連結財務諸表規則・ガイドライン／四半期財務諸表等規則・ガイドライン／四半期連結財務諸表規則・ガイドライン　他

関連法規編＝税理士法／討議資料・財務会計の概念フレームワーク　他

■中央経済社■